CB040472

REGIME JURÍDICO DOS INQUÉRITOS PARLAMENTARES

(Anotado)

JORGE FERREIRA

REGIME JURÍDICO DOS INQUÉRITOS PARLAMENTARES

(Anotado)

ALMEDINA

TÍTULO: REGIME JURÍDICO
DOS INQUÉRITOS PARLAMENTARES

AUTOR: JORGE FERREIRA

EDITOR: LIVRARIA ALMEDINA – COIMBRA

DISTRIBUIDORES: LIVRARIA ALMEDINA
ARCO DE ALMEDINA, 15
TELEF. (039) 851900
FAX. (039) 851901
3004-509 COIMBRA – PORTUGAL
Livrarialmedina@mail.telepac.pt

LIVRARIA ALMEDINA – PORTO
R. DE CEUTA, 79
TELEF. (02) 2059773/2059783
FAX. (02) 2026510
4050 PORTO – PORTUGAL

EDIÇÕES GLOBO, LDA.
R.S. FILIPE NERY, 37-A (AO RATO)
TELEF. (01) 3857619
FAX. (01) 3862056
1250 LISBOA – PORTUGAL

EXECUÇÃO GRÁFICA: G.C. – GRÁFICA DE COIMBRA, LDA.

SETEMBRO, 1999

DEPÓSITO LEGAL: 141782/99

ÍNDICE

ÍNDICE

ABREVIATURAS

AD – Aliança Democrática
AR – Assembleia da República
BTA – Banco Totta & Açores
ASDI – Associação Social-Democrata Independente
CDS – Centro Democrático Social
CERC – Comissão Eventual de Revisão Constitucional
CRP – Constituição da República Portuguesa
CP – Código Penal
CPP – Código de Processo Penal
CPI – Comissão Parlamentar de Inquérito
DAR – Diário da Assembleia da República
DR – Diário da República
FRS – Frente Republicana e Socialista
ID – Intervenção Democrática
INA – Instituto Nacional de Administração
JAE – Junta Autónoma das Estradas
MDP/CDE – Movimento Democrático Português/Comissão Democrática Eleitoral
PCP – Partido Comunista Português
PEV – Partido Ecologista os Verdes
PGR – Procurador Geral da República
PP – Partido Popular
PRD – Partido Renovador Democrático
PS – Partido Socialista
PSD – Partido Social Democrata
TC – Tribunal Constitucional
PSN – Partido da Solidariedade Nacional
UEDS – União de Esquerda para a Democracia Socialista

1. OS INQUÉRITOS PARLAMENTARES NAS CONSTITUIÇÕES PORTUGUESAS [1]

A expressão constitucional dos mecanismos através dos quais se exerceu a função de fiscalização parlamentar sofreu profundas e diversas oscilações ao longo da história do constitucionalismo português.

Estas oscilações surgem desde logo relacionadas com o conceito de fiscalização parlamentar que cada texto constitucional consagrou, à luz, naturalmente, das circunstâncias históricas e políticas em que foram elaborados e aprovados. Vejamos, embora de forma sintética, como evoluiu o instituto do inquérito parlamentar no direito constitucional português.

A Constituição de 23 de Setembro de 1822 previa no artigo 103.º, XV, a competência das Cortes de "fazer verificar a responsabilidade dos Secretários de Estado, e dos demais empregados públicos;". No artigo 159.º estabelecia-se que os Secretários de Estado eram responsáveis perante as Cortes "pela falta de observância das Leis", "pelo abuso do poder que lhes foi confiado", "pelo que obrarem contra a liberdade, segurança ou propriedade dos cidadãos" e "por qualquer dissipação ou mau uso dos bens públicos". No parágrafo

---

[1] A duração da vigência das Constituições portuguesas é bastante variável. A Constituição de 1822 vigora de Setembro de 1822 a Junho de 1823 e de 1836 a 1838; a Carta Constitucional vigora de 1826 a 1828, de 1834 a 1836 e, finalmente de 1842 a 1910, tendo neste período sido revista sucessivamente pelos Actos Adicionais de 1852, 1885, 1895-1896 e 1907; a Constituição de 1838 vigora até 1842; a Constituição de 1911 vigora até 1926, tendo sido alterada em 1916, 1918 e em 1919--1921; a Constituição de 1933 vigorou até 1974, tendo sido alterada em 1935-1938, 1945, 1951, 1959 e 1971; finalmente a actual Constituição vigora desde Abril de 1976, tendo já sido revista em 1982, 1989, 1992 e 1997.

seguinte deixava-se claro que nenhuma ordem do Rei, verbal ou escrita, poderia eliminar a responsabilidade dos Secretários de Estado perante as Cortes e remetia-se para uma "lei particular" a regulamentação dos demais aspectos relacionados com a efectivação desta responsabilidade.

A efectivação da responsabilidade dos Secretários de Estado concretizava-se mediante um decreto das Cortes, no qual se declarava que havia lugar à formação de culpa, o que tinha como efeito imediato a suspensão do Secretário de Estado. Os documentos que instruíssem o decreto eram, enfim, enviados ao Tribunal competente que, nos termos do artigo 191.º era o Supremo Tribunal de Justiça.

Este processo de responsabilização era extensivo aos Conselheiros de Estado, aos Ministros diplomáticos e aos Regentes do reino.

É impossível não descortinar neste conjunto de normativos alguns conceitos que ainda hoje caracterizam a fiscalização do executivo pelo parlamento e os próprios inquéritos parlamentares. É o caso da vigilância parlamentar pela observância das Leis como primeira das funções de fiscalização do parlamento e também a clara "separação de águas" entre os poderes do parlamento e dos tribunais na efectivação da responsabilidade política e da eventual responsabilidade criminal.

Uma das alterações mais significativas introduzidas pela Carta Constitucional de 29 de Abril de 1926 foi a do bicameralismo. As Cortes passaram a ser compostas pela Câmara de Pares e pela Câmara de Deputados (artigo 14.º). Ora, a Carta atribuiu, de forma exclusiva, à Câmara dos Pares a competência para " conhecer da responsabilidade dos Secretários, e Conselheiros de Estado "(artigo 41.º, parágrafo 2.º). Esta era a única disposição que constava da Carta, relativa às atribuições de fiscalização do poder executivo pelo poder legislativo.

Já a Constituição de 4 de Abril de 1838 é bastante inovadora. Pela primeira vez nos textos constitucionais portugueses aparece explicitamente previsto o direito das Cortes procederem "ao exame de qualquer objecto da sua competência" através de comissões de inquérito (artigo 39.º). Este direito das Cortes era atribuído quer à Câmara dos Senadores, quer à Câmara dos Deputados.

A Constituição de 1838 manteve as disposições relativas ao conhecimento e à efectivação dos Ministros e dos Secretários de Estado no âmbito das atribuições exclusivas da Câmara dos Senadores (artigo 61.º). Dessa responsabilidade não eram os Ministros ou os Secretários de Estados salvos por qualquer ordem, verbal ou escrita, do Rei (artigo 47.º).

Há-de, pois, encontrar-se na Constituição de 1838 o nascimento da figura dos inquéritos parlamentares, para além de outros mecanismos de fiscalização anteriormente previstos.

Teve vida curta esta aparição dos inquéritos parlamentares. Nasceram e desapareceram com a efémera Constituição de 1838.

É com o Acto Adicional de 1852, que consubstanciou a primeira alteração à Carta Constitucional, após a revolução regeneradora, que os inquéritos parlamentares renascem na ordem constitucional. No seu artigo 14.º prevê-se que "cada uma das Cortes tem o direito de proceder, por meio de Comissões de Inquérito, ao exame de qualquer objecto da sua competência". Esta norma vigorou até à implantação da República e com esta desaparece das Constituições portuguesas.

É certo que subsistiram normas sobre a responsabilidade de membros do poder executivo (artigo 23.º da Constituição de 1911); mas na Constituição de 1933 não existem nem a figura dos inquéritos parlamentares, nem normas de efectivação de responsabilidade dos titulares do poder executivo. Será necessário aguardar pela entrada em vigor da Constituição de 1976 para voltarmos a ter normas constitucionais sobre estas matérias, que hoje são de constitucionalização indiscutível.

É bem certo que os institutos de efectivação da responsabilidade dos governantes e da realização dos inquéritos parlamentares são distintos. Têm contornos, conteúdos e finalidades diferentes. Mas ambos constituem formas sucedâneas de fiscalização, entre outras, do poder executivo pelo poder legislativo.

2. OS INQUÉRITOS PARLAMENTARES NA CONSTITUIÇÃO DE 1976

É, pois, com nula tradição na República e remotas referências antepassadas que renasceu na Constituição de 1976 o instituto dos inquéritos parlamentares. Naturalmente renasceu de forma tímida, vaga e imprecisa, aspectos que a lei ordinária e as sucessivas revisões constitucionais se encarregaram de atenuar e até corrigir, como mais adiante de verá.

Foi muito diverso o tratamento que os vários partidos representados na Assembleia Constituinte deram, nos respectivos projectos constitucionais, à matéria dos inquéritos parlamentares ([2]).

O CDS propunha no artigo 99.º do seu projecto que a Assembleia Legislativa se organizasse "em comissões permanentes" e pudesse "constituir comissões eventuais para se ocuparem de assuntos determinados". O projecto era omisso relativamente aos inquéritos parlamentares, deixando apenas aberta a porta para a constituição de comissões eventuais, não especializadas em razão de matéria, onde pudessem ser tratadas as matérias específicas.

Este projecto de Constituição do CDS ficava muito aquém do que seria de esperar e do que, já na altura, vários autores mais arrojadamente propugnavam. Francisco Lucas Pires defendia, por exemplo, que "para reforçar o controle específico da actividade administrativa, poderá o Parlamento nomear uma Comissão Parlamentar de Inquérito – mesmo que se entenda fazer compartilhar essa função a um delegado directo do Povo, como o Defensor do Cidadão (ou Promotor de Jus-

([2]) Os projectos de Constituição apresentados pelo CDS, pelo MDP/CDE, pelo PCP, pelo PS e pela UDP estão publicados no Diário da Assembleia Constituinte, em suplemento ao n.º 16, de 24 de Julho de 1975.

tiça)". E acrescentava: "Qualquer destas duas instituições, ou as duas em cumulação, poderá ajudar a suprir as deficiências de um controle parlamentar indiferenciado da Administração – não do Governo – incide sobre questões concretas e não gerais, às quais a vocação funcional do Plenário não se dirige; a estratégia dos partidos, sem mais, pode não incluir a análise dos detalhes do comportamento administrativo, ou cair mesmo numa velada cumplicidade com a Administração. Os deputados, desde que o controle não seja especializado, podem estar mal informados e têm, em geral, falta de tempo". ([3]).

O MDP/CDE, por seu lado, era ainda mais vago, limitando-se a prever genericamente no artigo 78.º do seu projecto que a Assembleia Legislativa pudesse constituir "comissões para o estudo de assuntos especializados". Dado que esta era a única referência às Comissões parlamentares no projecto do MDP/CDE, o mais provável é que esta referência visasse a constituição das comissões parlamentares de natureza permanente e não as comissões de inquérito.

Já o PCP foi mais concreto. No artigo 83.º, n.º 2 do seu projecto previa-se que a Câmara dos Deputados funcionaria em reuniões plenárias, "podendo constituir comissões permanentes ou eventuais para fins determinados". O projecto do PCP era, pois, neste ponto particular, quase idêntico ao do CDS.

Surpreendentemente, o projecto de Constituição apresentado pelo PS era totalmente omisso em relação a esta matéria, como nada dizia relativamente à existência de Comissões em geral. O mesmo se diga do projecto da UDP. Finalmente, o PPD propunha no artigo 43.º, n.º 2 do seu projecto que a Câmara de Deputados pudesse "constituir comissões eventuais de inquérito ou para qualquer outro fim determinado...".

Em termos práticos e finais, o texto da Constituição de 1976 veio a consagrar duas normas sobre os inquéritos parlamentares. No artigo 181.º, n.º 4, consagrou o princípio de que "a Assembleia da República tem as comissões previstas no Regimento e pode constituir comissões eventuais de inquérito ou para qualquer outro fim determinado". Esta

([3]) Cfr. Francisco Lucas Pires, "Uma Constituição para Portugal", Imprensa de Coimbra, 1975, pág. 145.

redacção final do normativo constitucional consagra a proposta que constava do projecto de Constituição apresentado pelo PPD.

Já no artigo 183.º, consagrado aos direitos dos Grupos Parlamentares, a Constituição reconheceu expressamente, no n.º 2, e), o direito dos Grupos Parlamentares requererem a constituição de comissões parlamentares de inquérito.

Relativamente ao passado, duas conclusões há a tirar do texto constitucional de 1976: por um lado confirmou-se o óbito, decretado na Constituição de 1933, das tradicionais normas que atribuíam às Cortes poderes de efectivação de responsabilidade de membros do poder executivo; por outro lado, renasceram os inquéritos parlamentares, que desde os tempos da Monarquia não viam a luz do dia.

3. OS INQUÉRITOS PARLAMENTARES NAS REVISÕES CONSTITUCIONAIS

A primeira revisão constitucional ocorreu em 1982. Foram apresentados cinco projectos de revisão da autoria da ASDI, da AD, do PCP, da FRS e do MDP/CDE ([4]). O projecto da ASDI viria mais tarde a ser retirado ([5]), em virtude deste Grupo Parlamentar ter ulteriormente subscrito o projecto conjunto da FRS, pelo que ficaram apenas quatro projectos em discussão.

De todos eles, só os projectos de revisão constitucional da FRS e do PCP propunham alterações à disciplina constitucional dos inquéritos parlamentares. Com efeito, o artigo 98.º, n.º 2 do projecto conjunto do PS, da ASDI e da UEDS propunha o aditamento de um número 4 ao artigo 181.º da CRP, mediante o qual as CPI's "serão obrigatoriamente constituídas desde que tal seja requerido por um quinto dos deputados em efectividade de funções e gozam dos poderes próprios das autoridades judiciais".

No essencial, o projecto do PCP acolhia a mesma sugestão. No artigo 165.º, relativo às competências de fiscalização da AR, propunha no n.º 2, que os inquéritos parlamentares poderiam ser efectuados mediante deliberação da AR, ou "quando sejam requeridos conjuntamente por dois quintos dos deputados ou por três grupos parlamentares".

A estas propostas das FRS e do PCP não foi certamente alheio o ambiente político da época e a circunstância da AD ter obtido em

---

([4]) Todos os projectos de revisão foram publicados no DAR, II Série, em separata ao n.º 6, de 26 de Junho de 1981.

([5]) Cfr. ofício publicado no DAR, II Série, em suplemento ao n.º 70, de 23 de Maio de 1981.

1979 e em 1980 duas maiorias absolutas na AR. Este facto, estimulou naturalmente os partidos da oposição parlamentar a propor aperfeiçoamentos aos dispositivos constitucionais que pudessem reforçar o seu poder político e o respectivo protagonismo parlamentar.

Durante a primeira leitura dos vários projectos a AD opôs-se às propostas da FRS e do PCP, declarando, apesar disso, estar disponível para ponderar a possibilidade de uma minoria parlamentar desencadear a realização de um inquérito parlamentar, desde que concomitantemente se estabelecessem requisitos mais exigentes do que os que vigoravam na altura para a constituição das CPI's. Da mesma forma a AD manifestou abertura à proposta da FRS no sentido de que as CPI's passassem a ter os poderes próprios das autoridades judiciais.

Estas divergências de partida vieram a desaparecer ao longo do processo de revisão, o que tornou possível aprofundar o regime constitucional dos inquéritos parlamentares, alicerçando-os em princípios que ainda hoje integram a CRP ([6]). Assim, o artigo 181.º passou a dispor no seu n.º 4 que "sem prejuízo da sua constituição nos termos gerais, as comissões parlamentares de inquérito são obrigatoriamente constituídas sempre que tal seja requerido por um quinto dos Deputados em efectividade de funções, até ao limite de uma por Deputado". O novo n.º 5 passou a dispor que "as comissões parlamentares de inquérito gozam de poderes de investigação próprios das autoridades judiciais". Permaneceram inalteradas as normas dos artigos 181.º, n.º 1 e 183.º, n.º 2 e). Estas alterações foram aprovadas por unanimidade.

O novo regime criado pela revisão constitucional de 1982 teve duas consequências essenciais. A primeira foi a de criar um direito potestativo dos deputados, no sentido de poderem desencadear um inquérito parlamentar por sessão legislativa. A segunda foi a de constitucionalizar o princípio de que as CPI's gozam dos poderes de inves-

---

([6]) O debate na CERC das matérias relativas aos inquéritos parlamentares na revisão constitucional de 1982 está publicado no DAR, II Série, n.º 39, 2.º suplemento, de 15 de Janeiro de 1982, págs. 852 (41-45), no DAR II Série, n.º 87, suplemento, de 5 de Maio de 1982, pág. 1618 (26), no DAR, II Série, n.º 106, 2.º suplemento, de 16 de Junho de 1982, pág. 1998 (34-36), no DAR, II Série, n.º 114, suplemento, de 30 de Junho de 1982, pág. 2076 (8-9); o debate em Plenário está publicado no DAR, I Série, n.º 123, de 21 de Junho de 1982, págs. 5127 a 5134.

tigação das autoridades judiciais, na esteira do que já havia sido consagrado na Lei n.º 43/77, de 19 de Maio ([7]).

A segunda revisão constitucional foi feita em 1989. Foram apresentados dez projectos de revisão constitucional, da autoria do CDS, do PCP, do PS, do PSD, do deputado Sottomayor Cardia, da deputada Helena Roseta, da ID, do PEV, do PRD e dos deputados Carlos Lelis, Cecília Catarino, Guilherme Silva e Jardim Ramos ([8]).

Apenas os projectos do PRD e do PS sugeriram alterações em matéria de inquéritos parlamentares.

O primeiro propunha que as CPI's fossem obrigatoriamente constituídas sempre que tal fosse requerido por um quinto dos deputados em efectividade de funções "ou por um grupo parlamentar, até ao limite de uma por deputado e grupo parlamentar e por sessão legislativa". O PRD acrescentava um novo número ao artigo 181.º, nos seguintes termos: "o requerimento de constituição de comissão parlamentar de inquérito deverá identificar precisa e claramente o facto ou factos a inquirir." Relativamente à presidência das CPI's o PRD defendia, em alteração ao n.º 6 do mesmo artigo, que o requerente do inquérito deveria indicar três deputados, entre os quais obrigatoriamente seria escolhido o presidente.

O PS, por seu lado, propunha uma nova redacção para o artigo 181.º, n.º 4, prevendo que "as comissões parlamentares de inquérito são obrigatoriamente constituídas sempre que tal seja requerido por 40 deputados em efectividade de funções, até ao limite de duas por deputado e por sessão legislativa".

Nenhuma destas propostas obteve vencimento, pelo que o regime constitucional dos inquéritos parlamentares não foi alterado. Na CERC, as propostas do PRD e do PS foram rejeitadas pelo PSD ([9]). Este desfecho levou o então deputado comunista José Magalhães a afirmar que "os inquéritos parlamentares continuarão sujeitos às limitações

---

([7]) Cfr. Anotações 2 e 3 ao artigo 13.º da lei n.º 5/93.

([8]) Todas as propostas de revisão foram publicadas no DAR, separata n.º 1/V, de 31 de Dezembro de 1987.

([9]) Cfr. Relatório e respectivos anexos relativos ao trabalho preparatório de discussão e votação no Plenário das propostas de revisão constitucional, publicado no DAR, II Série-A, n.º 29 de 14 de Abril de 1989.

decorrentes de, demasiadas vezes, verem as suas conclusões ditadas pela aritmética das correlações de votos, agenciadas de forma automática, *a latere* dos factos" ([10]).

A terceira revisão constitucional efectuou-se em 1982 e foi ditada pela necessidade de adaptar o texto constitucional às necessidades decorrentes da entrada em vigor do Tratado de União Europeia, designadamente em aspectos relacionados com a futura adesão à moeda única e à criação concomitante do Banco Central Europeu.

A quarta revisão constitucional consumou-se em 1997. Foram entregues na Mesa da AR onze projectos de revisão, da autoria do PP, do PS, do PSD, do PCP, do PEV, do deputado Corregedor da Fonseca, dos deputados Claúdio Monteiro, Jorge Goes e Maria do Rosário Carneiro, dos deputados Guilherme Silva, Hugo Velosa e Correia de Jesus, dos deputados António Trindade e Isabel Sena Lino, dos Deputados Pedro Passos Coelho, Luís David, Sérgio Vieira, Hermínio Loureiro e João Moura de Sá e dos Deputados Arménio Santos, Acácio Roque, Francisco José Martins, João Mota e Costa Pereira ([11]).

Não se pode afirmar que os projectos de revisão constitucional apresentados em 1996 tenham sido especialmente férteis ou imaginativos. De todos eles, só o do PCP avançava propostas de alteração ao artigo 181.º. O PCP propunha que passasse de um quinto para um décimo o número de deputados necessários para requerer a constituição obrigatória de CPI's; que ao n.º 5 fosse aditado um inciso consagrando o princípio das reuniões das CPI's passarem a ser "em regra publicas"; e, enfim, o aditamento de um novo n.º 6 prevendo que "os membros das comissões parlamentares de inquérito têm o direito individual de requerer e obter os elementos que considerem úteis ao exercício das suas funções".

Estas propostas foram inviabilizadas na CERC, com os votos conjugados do PS e do PSD e no relatório da CERC para a discussão

---

([10]) Cfr. José Magalhães, Dicionário da Revisão Constitucional, Publicações Europa-América, 1989, págs. 68-69.

([11]) Todos os projectos de revisão foram publicados no DAR, separata n.º 6/VII, de 8 de Abril de 1996.

em Plenário nenhuma proposta foi enunciada para discussão ([12]). É, pois, forçoso reconhecer, como fez José Magalhães que "a imaginação criadora não propiciou muito mais (leia-se, pelo lado do PS) do que a sugestão de sujeitar a maioria qualificada a aprovação das conclusões, mas provou-se que nem o elixir deixava de ter contra-indicações, nem o mal resulta da lei fundamental. Célebres entorses ao que dela resulta (vg. "caso da vírgula") foram fruto de práticas abusivas do Estado Laranja, cuja repetição não ameaçava a República. Também não pode imputar-se à Constituição qualquer responsabilização pela hipermediatização das reuniões das comissões de inquérito e a sua conversão em terreno de pugilato estéril em torno de inquirições com objectivo burlesco". ([13]).

Em conclusão, o regime jurídico-constitucional dos inquéritos parlamentares que hoje vigora é ainda o que resulta da revisão constitucional de 1982. Tem razão o deputado socialista José Magalhães quando absolve o texto constitucional de responsabilidades nas fraquezas, nas deficiências e nas inoperâncias dos inquéritos parlamentares. No que certamente exagerou foi em proceder a idêntica e porventura precipitada absolvição do "Estado Rosa" à degradação do prestígio e da credibilidade do instituto no conceito dos cidadãos. Mas esta já é uma conta de outro rosário...

([12]) Cfr. Relatório final da CERC e anexos, designadamente o Anexo V (mapa de posições de voto), publicado no CD-ROM que acompanha a obra mencionada na nota seguinte (não está publicado em DAR.)

(13) Cfr. José Magalhães, Dicionário da Revisão Constitucional, Editorial Notícias, 1999, págs. 134.

4. EVOLUÇÃO LEGISLATIVA

No sentido de desenvolver e concretizar as normas constitucionais aprovadas em 1976 e os artigos 218.º e seguintes do regimento da AR então em vigor, foi apresentado o projecto de lei n.º 20/1, subscrito pelo então deputado do PSD, Jorge Miranda ([14]). Sobre este projecto foi elaborado um parecer pela Comissão de Assuntos Constitucionais, da autoria do então deputado do PSD, Rui Machete ([15]). A Comissão propôs um texto alternativo de substituição ([16]), que foi aprovado por unanimidade, dando origem à Lei n.º 43/77, de 18 de Junho.

Na VI legislatura são apresentados os projectos de lei n.º 5/VI (PCP) ([17]), n.º 53/VI (PS) ([18]) e n.º 118/VI PSD ([19]), todos eles propondo uma revisão do regime jurídico das Comissões Eventuais de Inquérito. Estes projectos são objecto de um relatório comum da Comissão Eventual para a Reforma do Parlamento ([20]), que na parte que diz respeito à reforma da Lei dos Inquéritos Parlamentares foi relatado pelo deputado do PCP, João Amaral, ao qual é anexado o Relatório apresentado na Comissão de Assuntos Constitucionais, Direitos, Liberdades e Garantias, elaborado pelo Deputado do PSD Fernando Amaral ([21]).

Aprovado com os votos do PSD, PS, PCP, CDS e PSN, o texto apresentado pela Comissão Eventual para a Reforma do Parlamento

---

([14]) Publicado no DAR, suplemento ao n.º 35. de 28 de Outubro de 1976,

([15]) Publicado no DAR, n.º 66, de 21 de Janeiro de 1977.

([16]) Idem.

([17]) Publicado no DAR, n.º 66, de 22 de Janeiro de 1977.

([18]) Publicado no DAR, II Série A-, n.º 1,pág. 8, de 12 de Novembro de 1991.

([19]) Publicado no DAR, II Série A- n.º 14, pág. 293, de 22 de Janeiro de 1992.

([20]) Publicado no DAR, II Série A, n.º 42, pág. 810- (2), de 5 de Junho de 1992.

([21]) Idem.

com base nos projectos de lei acima referidos, ([22]) entrou em vigor o actual regime jurídico dos Inquéritos Parlamentares, a Lei n.º 5/93, de 1 de Março.

Logo no início da VII legislatura, o PS (projecto de lei n.º 16/VII – regime jurídico das Comissões Eventuais de Inquérito) ([23]) e o PCP (projecto de lei n.º 24/VII – altera o regime jurídico dos Inquéritos Parlamentares) ([24]) propõem alterações ao regime em vigor. Posteriormente, o PP vem apresentar várias propostas de alteração ao projecto de lei do PS ([25]).

Os projectos de lei n.º 16/VII (PS) e 24/VII (PCP) objecto de relatório e parecer comuns da Comissão de Assuntos Constitucionais, Direitos, Liberdades e Garantias, ([26]) foram discutidos conjuntamente na generalidade na reunião plenária de 30 de Novembro de 1995 ([27]), baixando sem votação à Comissão de Assuntos Constitucionais, Direitos, Liberdades e Garantias, por requerimento do PS.

A estes dois juntou-se entretanto o projecto de lei n.º 245/VII (PSD) ([28]), tendo todos eles sido objecto de relatório e parecer conjunto da Comissão de Assuntos Constitucionais, Direitos, Liberdades e Garantias, desta vez elaborado pelo deputado do PP, Jorge Ferreira ([29]).

Os três projectos de lei foram aprovados ([30]) e deram origem à Lei n.º 126/97, de 19 de Dezembro ([31]).

([22]) Publicado no DAR, I Série, n.º 25, de 6 de Janeiro de 1993.

([23]) Publicado no DAR, II Série A- n.º 3, de 11 de Novembro de 1995.

([24]) Publicado no DAR, II Série A- n.º 6, de 30 de Novembro de 1995.

([25]) Publicadas no DAR, II Série A, n.º 21, de 1 de Fevereiro de 1996.

([26]) Publicado no DAR, II Série, A- n.º 7, pág. 164, de 2 de Dezembro de 1995.

([27]) Cfr. DAR, I Série, n.º 12, de 2 de Dezembro de 1995.

([28]) Publicado no DAR, II série A- n.º 7, de 2 de Dezembro de 1995.

([29]) Publicado no DAR, II Série A - n.º 9, de 11 de Dezembro de 1996.

([30]) O projecto de lei do PS foi aprovado com os votos favoráveis do PS, do PCP e do PEV e a abstenção do PSD e do PP; o projecto de lei do PCP foi aprovado com votos favoráveis de todas as bancadas e a abstenção do PP; o projecto de lei do PSD foi aprovado com votos favoráveis de todas as bancadas e a abstenção do PS; o resultado das votações consta do DAR, I Série, n.º 39, de 14 de Fevereiro de 1997.

([31]) A lei foi aprovada com votos favoráveis de todas os Grupos Parlamentares e a abstenção do PP; o resultado da votação consta do DAR, I Série, n.º 4, de 17 de Outubro de 1997.

Com estas alterações foram melhorados diversos mecanismos dos inquéritos parlamentares, destacando-se os seguintes: a possibilidade de a Assembleia da República fazer inquéritos parlamentares mesmo na pendência de processo criminal, ainda sem sentença judicial transitada em julgado, contrariamente ao que sucedia anteriormente; o prolongamento da duração máxima dos inquéritos de sete para nove meses; a equiparação dos poderes das CPI's aos das autoridades judiciais, e não apenas aos das autoridades judiciárias, como antes sucedia; o princípio da publicidade das reuniões das CPI's, salvo deliberação fundamentada; e a aplicação do regime previsto no Código de Processo Penal à recusa de documentação ou de prestação de depoimento.

Estas inovações aprofundaram significativamente o regime jurídico dos inquéritos parlamentares, melhorando as condições legais para a sua realização.

5. DIREITO COMPARADO ([32]).

Antes de procedermos à análise e à interpretação detalhadas do nosso regime jurídico dos inquéritos parlamentares, importa fazer uma digressão, embora breve, sobre os princípios e as características dos inquéritos parlamentares no direito comparado.

Nos actuais Estados de Direito os inquéritos parlamentares realizados por comissões parlamentares de duração limitada e especialmente constituídas para o efeito, são um dos mais importantes instrumentos de fiscalização ao dispor dos parlamentos.

Os vários sistemas do governo consagrados constitucionalmente nos Estados de Direito modernos – presidencialismo, parlamentarismo, semi-presidencialismo, etc, – não influenciam os respectivos regimes constitucionais dos inquéritos parlamentares. A posição do parlamento no sistema jurídico-constitucional é, pois, irrelevante do ponto de vista das definições das funções e do objecto dos inquéritos parlamentares.

É geralmente admitido que os inquéritos parlamentares podem ter por objecto qualquer matéria de interesse público. Nalguns casos é a própria Constituição que define, nestes exactos termos, o objecto dos inquéritos parlamentares, como sucede com os artigos 51.º da Constituição dinamarquesa, 76.º da Constituição espanhola e 82.º da Constituição italiana. Noutros casos é a lei ordinária ou a prática constitucional que define no mesmo sentido ou aponta para o mesmo

---

([32]) Cfr., por todos, relativamente ao direito comparado, Nuno Piçarra, "Extensão e Limites dos Poderes de Investigação Próprios das Autoridades Judiciais" (parecer), publicado em "Scientia Iuridica", revista de direito comparado português e brasileiro, Universidade do Minho, Tomo XLII, n.º 244/246, Junho-Dezembro, 1993 págs. 193 e segs..

alcance dos inquéritos parlamentares. É o que sucede na Alemanha, na Grécia, na Irlanda e no Reino Unido.

Algumas Constituições atribuem às CPI's poderes de investigação análogos aos dos tribunais, com especial relevância do ponto de vista da recolha de material probatório, quer documental, quer testemunhal. Por via desta equiparação os inquéritos parlamentares assemelham-se muito à fase instrutória dos processos jurisdicionais. Paradigmático, a este respeito, é o artigo 82.º da Constituição italiana, que prescreve que "a comissão de inquérito procede às averiguações e aos exames com os mesmos poderes e os mesmos limites da autoridade judicial"; já a Constituição alemã estipula no seu artigo 44.º que na recolha dos "meios de prova necessários", são aplicáveis "as regras de processo penal", não podendo ser atingidos "o segredo de correspondência, das comunicações postais e das telecomunicações", devendo os tribunais e as autoridades administrativas "prestar auxílio e concurso às comissões" ([33]).

Outro princípio fundamental ou comumente aceite é o de que as CPI's são órgãos políticos, não sendo nem podendo transformar-se em tribunais. Daqui resulta que as CPI's não podem julgar nem condenar pessoas. Como escreve Nuno Piçarra, "os poderes de investigação que lhes sejam constitucional ou legalmente atribuídos podem, sem dúvida, levá-las a apontar nas suas conclusões indícios da prática de um crime ou a existência de quaisquer outras irregularidades" ([34]).

A Constituição espanhola prevê expressamente no seu artigo 76.º, n.º 1, *in fine*, que as conclusões das CPI's serão comunicadas ao Ministério Público, no sentido deste intentar, se for o caso, as competentes acções.

Outra característica dos inquéritos parlamentares em direito comparado é a de que o seu sucesso depende, as mais das vezes, da recolha de meios de prova documental que se encontram na posse de outras autoridades, políticas, administrativas e judiciais. É por esta

([33]) Cfr., quanto do direito alemão, Klaus Stern, "Die Kompetenz der Untersuchungerussechilsse nach Artikal 44 Grundgesetz im Verhältnis Zur Executive unter besonderer Berücksichtigung der Steuergeheimnisser", Archiv der öffentlichen Rechts, 109, 1984, págs. 230 e segs..

([34]) Cfr. Nuno Piçarra, *ob. cit.*, pág. 198.

razão que um dos principais direitos das CPI's, reconhecido constitucionalmente ou em lei ordinária, é o de serem coadjuvados pelo Governo, pelos tribunais e pela administração, incluindo os órgãos de polícia criminal, nos mesmos termos que os tribunais. Apenas em casos limite (vg. violação de direitos fundamentais), inequivocamente fundamentados o dever de coadjuvação pode ser inobservado ([35]).

Já quanto ao problema do regime em que decorrem os trabalhos das comissões de inquérito, ou seja, saber se eles devem ser públicos ou secretos, existem dois exemplos paradigmáticos, de comparação inevitável. No sentido da publicidade das sessões das comissões de inquérito, temos o exemplo americano, em que as reuniões são públicas, espectacularmente cobertas por todos os órgãos de comunicação social e muitas vezes convertidas em puro espectáculo mediático, como se de um vulgar "talk show" se tratasse. Apesar disso a lei americana prevê a possibilidade, embora apenas em certos casos, de as comissões de inquérito trabalharem à porta fechada.

No sentido do secretismo das sessões das comissões de inquérito temos o exemplo francês, após a reforma de 1958. Aqui, tudo se passa ao contrário do que sucede nos Estados Unidos da América. Prevalece a regra absoluta de reuniões à porta fechada, sem excepções e sendo expressamente proibida e punida qualquer publicação ou divulgação referente às investigações, até ao momento da conclusão do relatório final. O caso francês é um caso único de secretismo total no funcionamento das comissões de inquérito.

Por último, é geralmente consagrada a admissibilidade do chamado "inquérito paralelo", ou seja, a possibilidade de decorrerem em simultâneo um inquérito parlamentar e um ou mais processos criminais pelos mesmos factos que são objecto do inquérito. A diferença clara entre a função política desempenhada pelas CPI's e a função jurisdicional prosseguida pelos tribunais é o argumento mais forte no sentido da admissibilidade do "inquérito paralelo", sem restrições.

Excepção importante a este princípio ocorre no direito francês. A lei francesa interdita expressamente a possibilidade de ser criada uma

([35]) Neste sentido. Klaus Stern, *ob. cit.*, págs. 282 a 291 e Lorenzo Mannelli, "Segreto Funzionale e Comissioni Parlamentare di Inchiesta", Guiriprudenza Constituzionale, ano XXXVII, págs. 4536 e segs..

CPI estando em curso processo judicial sobre os mesmos factos. Se já estiver em curso inquérito parlamentar e for aberto um processo judicial sobre os mesmos factos a CPI cessa funções ([36]).

Esta especificidade do direito francês que, como veremos adiante foi durante algum tempo acompanhada pelo direito português, tem uma explicação histórica. A Constituição de 1958 é omissa em relação aos inquéritos parlamentares. O legislador ordinário pôde, por isso, legislar sem qualquer constrangimento constitucional e não evitou a influência de uma experiência histórica de inquéritos parlamentares em que as CPI's se erigiram em tribunal de apelação de decisões tomadas por juízes de instrução, sobretudo durante as III e IV Repúblicas.

Idêntica motivação presidiu decerto à inibição das minorias poderem criar uma CPI contra a vontade da maioria e à escolha do método do escrutínio maioritário para designar os membros das CPI's.

([36]) Ordonnance n.º 58-110, de 17 Novembro de 1958, artigo 6.º, segundo parágrafo.

6. REGIME JURÍDICO DOS INQUÉRITOS PARLAMENTARES

6.1. A CONSTITUIÇÃO

ARTIGO 162.º

(Competência de Fiscalização)

Compete à Assembleia da República, no exercício de funções de fiscalização:

a) Vigiar pelo cumprimento da Constituição e das leis e apreciar os actos do Governo e da Administração;
b) Apreciar a aplicação da declaração do estado de sítio ou do estado de emergência;
c) Apreciar, para efeitos de cessação de vigência ou de alteração, os decretos-leis, salvo os feitos no exercício da competência legislativa exclusiva do Governo, e os decretos legislativos regionais previstos na alínea *b*) do n.º 1 do artigo 227.º;
d) Tomar as contas do Estado e das demais entidades públicas que a lei determinar, as quais serão apresentadas até 31 de Dezembro do ano subsequente, com o parecer do Tribunal de Contas e os demais elementos necessários à sua apreciação;
e) Apreciar os relatórios de execução dos planos nacionais.

Artigo 178.º

(Comissões)

1. A Assembleia da República tem as comissões previstas no regimento e pode constituir comissões eventuais de inquérito ou para qualquer outro fim determinado.

2. A composição das comissões corresponde à representatividade dos partidos na Assembleia da República.

3. As petições dirigidas à Assembleia são apreciadas pelas comissões ou por comissão especialmente constituídas para o efeito, que poderá ouvir as demais comissões competentes em razão da matéria, em todos os casos podendo ser solicitado o depoimento de quaisquer cidadãos.

4. Sem prejuízo da sua constituição nos termos gerais, as comissões parlamentares de inquérito são obrigatoriamente constituídas sempre que tal seja requerido por um quinto dos Deputados em efectividade de funções, até ao limite de uma por Deputado e por sessão legislativa.

5. As comissões parlamentares de inquérito gozam de poderes de investigação próprios das autoridades judiciais.

6. As presidências das comissões parlamentares são no conjunto repartidas pelos grupos parlamentares em proporção com o número dos seus Deputados.

7. Nas reuniões das comissões em que se discutam propostas legislativas regionais, podem participar representantes da Assembleia Legislativa Regional proponente, nos termos do Regimento.

Artigo 180.º

(Grupos parlamentares)

1. Os Deputados eleitos por cada partido ou coligação de partidos podem constituir-se em grupo parlamentar:

2. Constituem direitos de cada grupo parlamentar:

a) Participar nas comissões da Assembleia em função do número dos seus membros, indicando os seus representantes nelas;

b) Ser ouvido na fixação da ordem do dia e interpor recurso para o Plenário da ordem do dia fixada;

c) Provocar, com a presença do Governo, o debate de questões de interesse público e urgente;
d) Provocar, por meio de interpelação ao Governo, a abertura de dois debates em cada sessão legislativa sobre assunto de política geral ou sectorial;
e) Solicitar à Comissão Permanente que promova a convocação da Assembleia;
f) Requerer a constituição de comissões parlamentares de inquérito;
g) Exercer iniciativas legislativas;
h) Apresentar moções de rejeição do programa do Governo;
i) Apresentar moções de censura ao Governo;
j) Ser informado, regular e directamente, pelo Governo, sobre o andamento dos principais assuntos de interesse público.

3. Cada grupo parlamentar tem direito a dispor de locais de trabalho na sede da Assembleia, bem como de pessoal técnico e administrativo da sua confiança, nos termos que a lei determinar.

4. Aos Deputados não integrados em grupos parlamentares são assegurados direitos e garantias mínimos, nos termos do Regimento.

6.2. LEI N.º 5/93 (COM A REDACÇÃO QUE LHE FOI DADA PELA LEI N.º 126/97)

Artigo 1.º

Funções e objecto

1. Os inquéritos parlamentares têm por função vigiar pelo cumprimento da Constituição e das leis e apreciar os actos do Governo e da Administração.

2. Os inquéritos parlamentares podem ter por objecto qualquer matéria de interesse público relevante para o exercício das atribuições da Assembleia da República.

3. Os inquéritos parlamentares serão realizados através de comissões eventuais da Assembleia especialmente constituídas para cada caso, nos termos do Regimento.

Anotações:

1. A lei n.º 5/93 foi aprovada em 5 de Janeiro de 1993, promulgada em 5 de Fevereiro de 1993 e publicada no DR, I Série - A, n.º 50, de 1 de Março de 1993 e foi alterada pela lei n.º 126/97, aprovada em 16 de Outubro de 1997, promulgada em 19 de Novembro de 1997 e publicada no DR, I Série-A, n.º 284, de 10 de Dezembro de 1997.

2. Este artigo corresponde ao artigo 1.º da lei n.º 43/77.

3. O n.º 3 corresponde ao n.º 1 do artigo 3.º da lei n.º 43/77.

4. A epígrafe é nova, foi introduzida pela lei n.º 126/97 e substitui a anterior, que era a seguinte: (inquéritos parlamentares).

5. Os inquéritos parlamentares constituem um dos cinco institutos clássicos da actividade de fiscalização parlamentar ([37]): as perguntas ao Governo, as interpelações ao Governo, as moções de confiança e de censura e os inquéritos parlamentares. Modernamente, tende a excluir-se as moções de censura e de confiança do estudo concreto da fiscalização parlamentar, considerando sobretudo o seu carácter pontual e a tendência do direito constitucional no sentido de dificultar a respectiva utilização ou, pelo menos, a impedir que o seu uso possa produzir consequências, em nome da ideia da estabilidade governamental ([38]).

6. Um dos temas mais glosados na doutrina e na intervenção política acerca dos inquéritos parlamentares é o da necessidade de salvaguardar o princípio da separação de poderes. É por isso oportuno lembrar algumas intervenções feitas no debate que conduziu à aprovação da lei n.º 43/77.

Para o deputado social-democrata Sérvulo Correia o instituto dos inquéritos parlamentares prende-se "com a existência de diversos sistemas de orgãos, pelos quais se encontra repartido o exercício da soberania. Não consiste a essência da separação de poderes na repartição formalista das funções do Estado entre tais sistemas, visto que, no Estado contemporâneo, a cada um destes se tende a atribuir simultânea e cumulativamenteo exercício

([37]) Sobre as funções de fiscalização parlamentar, cfr. António Vitorino, "O controlo parlamentar dos actos do Governo", in Baptista Coelho (org.), "Portugal: o sistema político e constitucional", 1974-1987, págs. 369 e segs..

([38]) Neste sentido, Cristina Leston Bandeira, "Controlo parlamentar na Assembleia da República: a transladação de poderes da IV para a V Legislatura", in "Legislação – Cadernos de Ciência de Legislação", INA, n.º 12, Fevereiro-Março de 1995, pág. 124.

das clássicas funções legislativa, executiva e judicial. A separação de poderes, sem a qual não existe democracia, assenta antes na imposição constitucional de que esse sistema de orgãos se impeçam reciprocamente de exorbitar no âmbito dos seus poderes..." ([39]). Por outro lado, o deputado centrista Francisco Lucas Pires afirmou que "o instituto em causa é um instituto com uma decisiva importância, pois dá à Assembleia da República a competência para funcionar como uma forma superior de polícia democrática e da justiça popular em Portugal" ([40]).

Também neste sentido, Elvira Perales escreveu que "a separação de poderes na actualidade não corresponde aos mesmos princípios que regiam nos inícios do constitucionalismo; na actualidade os termos mais adequados não são os de divisão ou separação, mas os de distinção ou colaboração de poderes (...). A colaboração entre poderes tem múltiplas manifestações, sendo uma delas, precisamente, o das comissões de investigação, através das quais um orgão do Parlamento investiga o Governo, exercendo uma inovadora forma de controlo mais efectiva do que, por exemplo, a tradicional moção de censura" ([41]).

A CRP consagra claramente no art.º 111.º, n.º 1, os princípios da separação e da interdependência de poderes dos orgãos de soberania.

7. O n.º 1 vem cometer duas funções distintas aos inquéritos parlamentares: a primeira é a de "vigiar pelo cumprimento da Constituição e das leis"; o segundo é o de "apreciar os actos do Governo e da Administração".

Esta redacção reproduz a do art.º 162.º, *c*), da CRP, que define as competências de fiscalização da Assembleia da República. É perfeitamente possível proceder a um inquérito parlamentar apenas no âmbito de uma destas duas funções. Fica afastada liminarmente a possibilidade de realização de inquéritos parlamentares para defesa de interesses meramente privados, embora legítimos.

Como refere Nuno Piçarra, "as CPI's (...) para além de poderem (...) investigar factos e recolher e apreciar meios de prova relacionados com a função de fiscalização do governo e da administração (relativamente a qualquer departamento ministerial, qualquer organismo ou serviço do Estado ou qualquer acto dos respectivos titulares ou agentes), podem também

---

([39]) Cfr. DAR, n.º 66, de 22 de Janeiro de 1977.

([40]) Idem.

([41]) Cfr. Elvira Perales, "Commisiones de Investigacion en el Bundestag", in Revista Española de Derecho Constitucional, ano 7, n.º 19, págs. 226 a 268.

averiguar activamente determinados factos ou acontecimentos políticos ou sociais que constituam assunto de interesse geral e cujo aparecimento ou esclarecimento se imponham por essa mesma razão (irregularidades de vária ordem, escândalos financeiros, responsabilidades por desastres ou catástrofes, casos graves de criminalidade, etc)" ([42]).

A título de exemplo, tenham-se presentes os casos das CPI's constituídas na Itália, para examinar o problema da criminalidade na Sardenha e da mafia, na Alemanha, sobre as condições de segurança de uma determinada companhia aérea, em França, sobre alegadas irregularidades em empresas imobiliárias e na Bélgica, sobre o escândalo da pedofilia, para citar apenas alguns dos exemplos mais conhecidos.

Os poderes parlamentares de inquérito podem exercer-se num universo tão amplo quanto a amplitude das funções do próprio Parlamento. Este, só não pode inquirir sobre o que não pode pronunciar-se ([43]). Para J. J. Gomes Canotilho, "a regra é a de que o direito de inquérito existe em relação a assuntos para os quais o parlamento é competente, mas não para questões que são da exclusiva competência de outro orgão de soberania (...). Parece também que as comissões de inquérito não podem incidir sobre a esfera privada do cidadão" ([44]).

8. O n.º 2 deste artigo define o objecto dos inquéritos parlamentares. A lei estabelece dois requisitos de inquiribilidade. O primeiro é que tem de se tratar de matérias de interesse público. Este requisito exclui do universo de assuntos que podem ser objecto de inquérito parlamentar todos os relativos à intimidade da vida privada e familiar. Num contexto destes, nem sempre é fácil descortinar com clareza a fronteira entre o que é de interesse público e o que apenas releva da vida privada. Trata-se de um apuramento que deve ser feito em função de casos concretos. Em qualquer caso, consideramos que todas as matérias que envolvem decisões de qualquer orgão de soberania, que não os tribunais, têm interesse público. Pensamos ser este um bom critério inicial para uma primeira selecção de assuntos susceptíveis de serem objecto de inquérito.

O segundo requisito é o da relevância da matéria para o exercício das atribuições da Assembleia da República. Não basta que o assunto seja de

---

([42]) Cfr. Nuno Piçarra, ob. *cit.*, pág. 196.

([43]) Neste sentido, cfr. o acordão n.º 195/94 do Tribunal Constitucional, publicado no DR, II Série, de 12 de Maio de 1994.

([44]) Cfr. J.J. Gomes Canotilho, "Direito Constitucional e Teoria da Constituição", Almedina, 3.ª edição, 1999, pág. 591.

interesse público; é também necessário que seja relevante para o exercício das atribuições do Parlamento.

A lei quererá certamente referir-se às competências da Assembleia da República, uma vez que a CRP é omissa relativamente à identificação e ao enunciado de atribuições do Parlamento. A verdade é que, no rigor dos princípios, o Estado tem atribuições e para a sua prossecução distribui um conjunto de competências pelos vários orgãos de soberania.

É neste contexto que a CRP atribui à Assembleia da República competências políticas (artigo 161.º), legislativas (artigo 161.º), de fiscalização (artigo 162.º) e relativas a outros orgãos (artigo 163.º). De futuro, seria aconselhável a clarificação e uma mais rigorosa delimitação do objecto dos inquéritos.

9. A norma do n.º 3 resulta do previsto no artigo 178.º, n.º 1, da CRP e estabelece sem margem para dúvidas que as CPI's são orgãos não permanentes do Parlamento. As CPI's têm duração limitada e, ao serem criadas, têm de o ser para averiguar sobre uma matéria delimitada, para em termos finais darem conta ao Parlamento do que apuraram e concluíram.

Nos últimos anos têm aumentado os autores que discordam da tradicional classificação das CPI's como "orgãos auxiliares do Parlamento" ([45]). Com efeito, esta qualificação da natureza jurídica das CPI's parece pouco consentânea com as características e os poderes que a lei lhe atribui. Uma vez constituídas, e só podem sê-lo por vontade do Parlamento, as CPI's têm autonomia processual e poderes próprios, que lhes são especialmente atribuídos por lei e que só elas podem exercer. O Parlamento, enquanto tal, não pode avocar tais poderes.

Mais ainda: as CPI's são soberanas nas conclusões que votam sobre as inquirições a que procedem. Estas conclusões são, de acordo com a lei, obrigatoriamente apreciadas pelo Plenário do Parlamento. Mas já não podem ser alteradas, nem novamente votadas, durante ou em consequência desse debate.

([45]) Neste sentido, Norbert Achterberg, "Das Bonner Gungesetz", 3.ª edição, 1991, vol. 6, pág. 145.

Em sentido contrário, Rui Machete, Parecer sobre o projecto de lei n.º 20/1 relativo aos poderes das CPI's, publicado no DAR, n.º 66, de 22 de Janeiro de 1977 e Fernando Amaral, Relatório sobre as projectos de lei n.º 5/VI (PCP) e 53/VI (PS), sobre o regime jurídico dos inquéritos parlamentares, publicado no DAR, n.º 66, de 22 de Janeiro de 1977.

Atento o seu recorte legal, as CPI's são importantes orgãos do Parlamento, que actuam no âmbito das funções de fiscalização da instituição parlamentar.

10. Questão particularmente controvertida, sobretudo a propósito do inquérito parlamentar n.º 8/VII/98 ([46]), foi a de saber se os inquéritos parlamentares devem apenas versar matérias imputadas ao Governo que no momento se encontra em funções, ou também sobre factos ocorridos durante o mandato de Governos passados.

A verdade é que nenhuma norma existe na CRP ou na lei que consagre juridicamente a "prescrição política" invocada pelos defensores da primeira hipótese. Acresce que a própria lei define como primeira função dos inquéritos parlamentares "vigiar pelo cumprimento da Constituição e das leis", em decorrência da primeira das competências da fiscalização da AR, previstas no artigo 162.º, a), da CRP. Ora, como está bem de ver, o respeito pela CRP e pela lei não pode estar nem está sujeito a qualquer "prazo de validade política". Até porque é perfeitamente possível realizar inquéritos parlamentares sobre matérias em que o Governo não seja o primeiro visado, desde que se observem os requisitos do art.º 1.º, n.º 2.

A tese da "prescrição política" mais parece um ajustamento doutrinário a necessidades conjunturais. Imaginem-se os corolários desta tese aplicada aos parlamentos democráticos relativamente a factos ocorridos em ditaduras anteriores: Adolfo Hitler e José Estaline teriam certamente gostado de serem autores desta inovadora tese...

ARTIGO 2.º

Iniciativa

1. Os inquéritos parlamentares são efectuados:

a) Mediante deliberação expressa do Plenário tomada até ao 15.º dia posterior à publicação do respectivo projecto ou proposta de resolução no Diário da Assembleia da República ou à sua distribuição em folhas avulsas;

([46]) Inquérito parlamentar proposto pelo PCP, para "apreciação de actos dos Governos do PS e do PSD envolvendo o Estado e grupos económicos", cuja projecto de resolução foi publicado no DAR, II Série - B, n.º 20, de 9 de Maio de 1998.

b) A requerimento de um quinto dos Deputados em efectividade de funções até ao limite de um por Deputado e por sessão legislativa.

2. A iniciativa dos inquéritos previstos na alínea *a*) do n.º 1 compete:

a) Aos grupos parlamentares e deputados de partidos não constituídos em grupo parlamentar;
b) Às comissões;
c) A um décimo do número de Deputados, pelo menos;
d) Ao Governo, através do Primeiro-Ministro.

Anotações:

1. A redacção anterior deste artigo, dada pela lei n.º 43/77, era a seguinte:

1. Os inquéritos parlamentares só podem ser efectuados mediante deliberação expressa da Assembleia da República em cada caso.
2. A iniciativa dos inquéritos compete:

   a) Aos grupos parlamentares e Deputados de partidos não constituídos em grupo parlamentar;
   b) Às comissões especializadas permanentes ou eventuais da Assembleia;
   c) A trinta Deputados, pelo menos;
   d) Ao Governo, através do Primeiro-Ministro.

3. Qualquer projecto ou proposta de resolução tendente à realização de um inquérito deve indicar o seu objecto e os seus fundamentos, sob pena de rejeição liminar pelo Presidente da Assembleia, sem prejuízo de recurso, nos termos do Regimento.
4. A resolução que determinar a realização de um inquérito será publicada no Diário da República.

2. A iniciativa de inquérito parlamentar assume a forma de projecto de resolução se tiver origem em deputados, grupos parlamentares ou comissões parlamentares e de proposta de resolução se for de autoria do Governo.

3. O n.º 1, *b*) decorre do artigo 178.º, n.º 4, da CRP e consagra o direito potestativo de desencadear um inquérito parlamentar. Esta norma consagra a típica visão dos inquéritos parlamentares como instrumento das oposições parlamentares contra as maiorias parlamentares. Autores há que vão mesmo mais longe e, numa perspectiva redutora do alcance do instituto, consideram que "seria seguramente incompatível com o sentido constitucional dos inquéritos parlamentares transformá-los perversamente em instrumento de combate do governo contra a oposição, por intermédio da apreciação do comportamento dos governos antecedentemente dirigidos pelos partidos ora na oposição" ([47]). Esta concepção é tributária das origens constitucionais do instituto, mas não obtém acolhimento à luz do direito vigente. Desde logo, porque o objecto dos inquéritos parlamentares não tem exclusivamente a ver com a apreciação dos actos do Governo (mas também com o cumprimento das leis), e o direito legalmente atribuído aos deputados e aos grupos parlamentares de desencadearem ou proporem inquéritos parlamentares o é a todos os deputados e a todos os grupos parlamentares e não apenas aos da oposição.

Como frisou Luis Beiroco no debate da revisão constitucional de 1982, o que garante a utilização do instituto dos inquéritos parlamentares pela oposição na fiscalização aos Governos em funções é a possibilidade dela accionar um inquérito independentemente de uma votação onde, naturalmente, a maioria faria uso do seu poder no sentido de evitar a sua realização, para proteger o Governo. Referindo-se à introdução na CRP desta norma, o deputado centrista afirmou que "sem uma norma como esta, o poder da fiscalização que se procura consagrar através das comissões de inquérito não tem grande relevo prático. A constituição de comissões de inquérito é uma forma da minoria exercer os poderes de fiscalização. O que é normal numa óptica de funcionamento de um parlamento é haver uma maioria que apoia um governo e uma oposição, sendo normalmente os poderes de fiscalização principalmente exercidos pela oposição" ([48]). Principalmente, mas não exclusivamente.

De outra forma, aliás, não se entenderia que a lei consagrasse a possibilidade, prevista no n.º 2, *d*), do próprio Governo propor a realização de um inquérito, de resto desde sempre prevista na lei.

([47]) Neste sentido, cfr. Vital Moreira, num Parecer dado a Eduardo Catroga, não publicado, no âmbito do inquérito parlamentar n.º 8/VII/98, 1999, pág. 5.

([48]) Cfr. DAR, II Série, 2.º suplemento ao n.º 106, de 16 de Junho de 1982.

4. O facto de cada deputado só poder subscrever uma projecto de resolução por sessão legislativa, no âmbito do direito potestativo previsto no n.º 1, *b)*, radica na necessidade de evitar uma banalização dos inquéritos parlamentares através do seu uso por excesso, o que não contribui para a sua dignificação e poderia fazer mergulhar a AR num indesejável "estado de inquérito permanente".

Artigo 3.º

Requisitos formais

1. Os projectos ou propostas de resolução tendentes à realização de um inquérito indicarão o seu objecto e os seus fundamentos, sob pena de rejeição liminar pelo Presidente.

2. Da não admissão de um projecto ou proposta de resolução apresentado nos termos da presente lei cabe sempre recurso para o Plenário, nos termos do Regimento.

Anotações:

1. O princípio da determinação do objecto é um dos princípios fundamentais da disciplina dos inquéritos parlamentares ([49]). A definição de um objecto constitui um limite negativo de actividade investigatória da CPI. Esta, a partir do momento em que a AR resolve proceder a um inquérito, fica "presa" ao mandato que recebeu. As CPI's não possuem poderes próprios de definição ou de alteração superveniente do seu mandato. "Não é a comissão de inquérito nem uma maioria dentro dela que pode determinar que factos é que podem ser objecto de investigação, antes é o parlamento, na decisão que institui a comissão, que tem de definir a esfera de matérias sobre as quais deve incidir o inquérito" ([50]).

([49]) Sobre os limites materiais dos inquéritos parlamentares designadamente defendendo a exclusão do respectivo objecto directo "qualquer pessoa ou organização privada" ou "aos orgãos das regiões autónomas ou do poder local", cfr. J.J. Gomes Canotilho e Vital Moreira, Constituição da República Portuguesa anotada, 3.ª edição, 1993, pág. 719.

([50]) Cfr. Otto Depenheuer e Günther Winands, "Der parlementarische Untersuchungsauftrag: inhaltliche Bestimmtheit und Thematische Reichweite", Zeitschrift für Rechtspolitik, 21.º, 1988, pág. 259.

A obrigação de indicação de objecto à CPI que se pretende criar filia-se na necessidade de clareza e segurança jurídica. Se uma CPI decidir, *motu proprio*, investigar matérias não contidas no seu objecto, todos os actos daí decorrentes são juridicamente inexistentes.

2. A consequência prevista para a falta de precisão do objecto ou erro na fundamentação é a rejeição liminar do projecto ou da proposta de resolução. Do despacho de não admissão cabe recurso para o plenário, nos termos do art.º 139.º do regimento da AR.

Artigo 4.º

Constituição obrigatória da comissão de inquérito

1. As comissões parlamentares de inquérito requeridas ao abrigo da alínea *b*) do n.º 1 do artigo 2.º são obrigatoriamente constituídas.

2. O referido requerimento, dirigido ao Presidente da Assembleia da República, deve indicar o seu objecto e fundamentos.

3. O Presidente verificará a existência formal das condições previstas no número anterior e o número e identidade dos Deputados subscritores, notificando de imediato o primeiro subscritor para suprir a falta ou faltas correspondentes, caso se verifique alguma omissão ou erro no cumprimento daquelas formalidades.

4. Recebido o requerimento ou verificado o suprimento referido no número anterior, o Presidente toma as providências necessárias para definir a composição da comissão de inquérito até ao 8.º dia posterior à publicação do requerimento no Diário da Assembleia da República.

5. Dentro do prazo referido no número anterior, o Presidente da Assembleia da República, ouvida a Conferência dos Representantes dos Grupos Parlamentares, agendará um debate sobre a matéria do inquérito, desde que solicitado pelos requerentes da constituição da comissão ou por um grupo parlamentar.

Anotações:

1. Vd. anotações 3 e 4 ao artigo anterior.

2. O direito potestativo de desencadear um inquérito parlamentar só pode ser exercido pelos deputados individualmente considerados e não pelos grupos parlamentares.

3. Nos termos do artigo 178.º, n.º 2, da CRP "a composição das comissões corresponde à representatividade dos partidos na Assembleia da República". Assim, também a composição das CPI's há-de respeitar este princípio da proporcionalidade. Esta norma garante a uma maioria parlamentar um elevado grau de controlo das CPI's, particularmente bloqueante quando existe uma maioria parlamentar monopartidária, como aconteceu em Portugal entre 1987 e 1995.

ARTIGO 5.º

Informação ao Procurador-Geral da República

1. O Presidente da Assembleia da República comunicará ao Procurador-Geral da República o conteúdo da resolução ou a parte dispositiva do requerimento que determine a realização de um inquérito.

2. O Procurador-Geral da República informará a Assembleia da República se com base nos mesmos factos se encontra em curso algum processo criminal e em que fase.

3. Caso exista processo criminal em curso, caberá à Assembleia deliberar sobre a eventual suspensão do processo de inquérito parlamentar até ao trânsito em julgado da correspondente sentença judicial.

Anotações:

1. O n.º 2 tem nova redacção, dada pela lei n.º 126/97. A redacção anterior deste número era a seguinte:

> 2. O Procurador-Geral da República informará a Assembleia da República se sobre o mesmo objecto se encontra em curso algum processo criminal com despacho de pronúncia transitado em julgado, suspendendo-se neste caso o processo de inquérito parlamentar até ao transito em julgado da correspondente sentença judicial.

2. O n.º 3 é novo, tendo sido aditado pela lei n.º 126/97.

3. Os n.os. 1 e 2 levantam algumas dúvidas metodológicas, a saber: a comunicação prevista no n.º 1 deve ser feita antes ou depois da resolução da AR? E caso o PGR informe a AR de que existe um processo criminal pendente sobre o mesmo objecto do inquérito, é ao plenário ou à CPI que compete decidir sobre a suspensão do inquérito?

Quanto à primeira questão, a redacção da lei parece apontar para um poder discricionário do Presidente da AR, indicando, em alternativa, a possibilidade da comunicação ser feita com base na resolução da AR, caso em que esta já determinou necessariamente a realização do inquérito ou com base na parte dispositiva do requerimento a propor o inquérito, caso em que a respectiva apreciação e votação pode ainda não ter ocorrido.

Relativamente à segunda questão, parece-nos óbvio que só o plenário pode decidir sobre a eventual suspensão do inquérito. É o plenário que decide se há ou não há inquérito; deve ser o plenário a decidir se ele é suspenso ou não. O conteúdo das competências e dos poderes das CPI's está confinado à realização de inquéritos. Por outro lado, ao referir que é à Assembleia (por deficiência da redacção final da lei, esta foi publicada sem a designação correcta do orgão de soberania, que é "Assembleia da República" e não "Assembleia") que compete deliberar, parece-nos que o legislador quis excluir a possibilidade de ser a CPI a fazê-lo. Até pela razão de que a informação solicitada ao PGR pode sê-lo antes da AR resolver proceder ao inquérito.

4. A antiga redacção do n.º 2 havia sido introduzida na lei em 1993, por iniciativa do PSD. Mesmo assim, a redacção final que acabou por ficar consagrada revelou-se bastante mais moderada do que era a proposta inicial do PSD.

Numa tentativa óbvia de limitar o mais possível a realização de inquéritos parlamentares, o PSD propunha originariamente que no caso de "sobre o mesmo objecto se encontrar em curso uma investigação judicial" o inquérito não fosse sequer admitido pela Mesa e discutido pelo plenário. Caso o inquérito estivesse já em curso e entretanto se iniciasse uma investigação judicial, o inquérito parlamentar cessaria se o PGR o solicitasse ([51]).

No projecto de lei que apresentou em 1996, o PSD mudou de opinião e propôs o regime actualmente em vigor, embora tivesse defendido que deveriam ser as CPI's a deliberar sobre a suspensão do inquérito ([52]).

([51]) Projecto de lei n.º 118/VI (regime jurídico dos inquéritos parlamentares), publicado no DAR, II Série - A, n.º 29, de 1 de Abril de 1992.

([52]) Projecto de lei n.º 245/VII (alterações ao regime jurídico dos inquéritos parlamentares), publicado no DAR, II Série-A, n.º 7, de 2 de Dezembro de 1995.

5. Um dos temas mais polémicos e que mais controvérsia suscitou entre nós foi a norma, hoje revogada, segundo a qual se suspendia o inquérito parlamentar a partir do momento em que o PGR informasse a AR que sobre o objecto do inquérito parlamentar se encontrava em curso processo criminal com despacho de pronúncia transitado em julgado. Tal suspensão só poderia ser levantada após o trânsito em julgado da correspondente sentença judicial.

Com a alteração legislativa de 1997 a referida suspensão deixou de ser automática, passando a ser da competência da AR deliberar se suspende ou não o inquérito parlamentar no caso de se verificar a pendência de processo criminal.

A redacção anterior era fortemente restritiva das competências de fiscalização do parlamento. A nova redacção é mais consentânea com a natureza, as funções e as finalidades dos inquéritos parlamentares. De facto, não é correcto sustentar que existe violação do princípio da separação de poderes, neste caso entre o parlamento e os tribunais, por decorrerem em simultâneo um processo criminal e um processo de inquérito parlamentar.

A verdade é que não há confusão possível entre os poderes de cada um destes orgãos de soberania. As CPI's não visam dirimir litígios, reprimir violações das leis ou decretar penas. O escopo da sua actuação é o de investigar factos e analisar situações com base em critérios de natureza essencialmente política, com vista a habilitar o orgão de soberania de que é parte a adoptar, querendo, as medidas adequadas para as conclusões tiradas ao âmbito da sua competência política e legislativa. Os tribunais, pelo seu lado, detêm integralmente o poder de livremente apreciar os relatórios e as conclusões das CPI's quanto à repercussão que possam ou não vir a ter em processos judiciais que versem sobre os mesmos factos, sobre os quais incidiu o inquérito parlamentar.

Artigo 6.º

Funcionamento da comissão

1. Compete ao Presidente da Assembleia da República, ouvida a Conferência dos Representantes dos Grupos Parlamentares, fixar o número de membros da comissão, dar-lhes posse, determinar o prazo da realização do inquérito previsto na alínea *b*) do artigo 2.º e do previsto na alínea *a*) da mesma disposição, quando a respectiva resolução o não tenha feito, e autorizar a sua prorrogação até ao limite máximo de tempo referido no artigo 11.º.

2. Os membros da comissão tomam posse perante o Presidente da Assembleia da República até ao 15.º dia, posterior à publicação no Diário da Assembleia da República da resolução ou do requerimento que determine a realização do inquérito.

3. A comissão inicia os seus trabalhos imediatamente após a posse conferida pelo Presidente da Assembleia da República, logo que preenchida uma das seguintes condições:

a) Estar indicada mais de metade dos membros da comissão, representando no mínimo dois grupos parlamentares, um dos quais deve ser obrigatoriamente de partido sem representação no Governo;

b) Não estar indicada a maioria do número de deputados da comissão, desde que apenas falte a indicação dos Deputados pertencentes a um grupo parlamentar.

Anotações:

1. Da conjugação do disposto nos n.os. 2 e 3 resulta que a indicação pelos grupos parlamentares dos deputados que vão integrar a CPI deve ser feita no prazo de quinze dias, o que nem sempre ocorre.

2. O disposto no n.º 3 tem como objectivo impedir a utilização de expedientes dilatórios no sentido de atrasar e, assim, dificultar a realização do inquérito.

Artigo 7.º

Publicação

A resolução e a parte dispositiva do requerimento previsto na alínea *b*) do n.º 1 do artigo 2.º que determinarem a realização de um inquérito serão publicados no Diário da República.

Anotações:

1. A publicação da resolução da AR no sentido da realização de um inquérito parlamentar (ou do requerimento no caso desta ser provocada pelo exercício do direito potestativo dos deputados), através da publicação no

"jornal oficial" da República, encontra a sua justificação no facto dela conter actos de eficácia ou relevância externa e não se tratar de um acto puramente interno ([53]).

2. As decisões parlamentares de realização de inquéritos parlamentares estão sujeitas à fiscalização de constitucionalidade pelo TC ([54]).

Artigo 8.º

Repetição de objecto

Durante o período de cada sessão legislativa não é permitida a constituição de novas comissões de inquérito que tenham o mesmo objecto que dera lugar à constituição de outra comissão que está em exercício de funções ou que as tenha terminado no período referido, salvo se surgirem factos novos.

Anotações:

1. Esta norma de racionalização visa impedir a degradação da figura do inquérito parlamentar, através de tentativas políticas de, em sucessivos inquéritos, contrariar conclusões anteriormente aprovadas.

2. A excepção prevista no final do artigo confere, desde logo, uma maior responsabilidade ao Presidente da AR na decisão de (in)admissibilidade do projecto, da proposta ou do requerimento para a realização do novo inquérito, pois compete-lhe o primeiro juízo sobre a realidade dos novos factos aduzidos como fundamento do pedido.

Artigo 9.º

Reuniões das comissões

1. As reuniões das comissões podem ter lugar em qualquer dia da semana e durante as férias, sem dependência de autorização prévia do Plenário.

([53]) Neste sentido, cfr. J.J. Gomes Canotilho e Vital Moreira, ob. *cit.*, pág 549.

([54]) Neste sentido, entre outros, Nuno Piçarra, *ob. cit.*, pág. 220.

2. O presidente da comissão dará conhecimento prévio ao Presidente da Assembleia, em tempo útil, para que tome as providências necessárias à realização das reuniões previstas no número anterior.

Anotações:

1. O disposto no n.º 1 visa impedir a aplicabilidade do artigo 47.º, n.º 1, do regimento da AR.

2. A *ratio legis* destas normas há-de encontrar-se no facto de a lei ter pretendido facultar às CPI's todas as possibilidades de cumprir com eficiência o seu mandato, afastando muitas vezes regras gerais que poderiam ser invocadas ou usadas para dificultar a sua acção.

Artigo 10.º

Constituição de grupos de trabalho e designação de relatores

1. A comissão pode orientar-se por um questionário indicativo formulado inicialmente.

2. As comissões de inquérito devem designar relator ou relatores numa das cinco primeiras reuniões e podem deliberar sobre a criação de um grupo de trabalho constituído por quatro Deputados representantes dos quatro maiores grupos parlamentares.

3. O relator será um dos referidos representantes.

4. O grupo de trabalho será presidido pelo presidente da comissão ou por quem este designar.

5. O trabalho produzido pelo referido grupo é instrumental e acessório da comissão.

Anotações:

1. Qualquer deputado e não apenas o que foi designado relator pode apresentar uma proposta de questionário que, todavia e mesmo que aprovado pela CPI, será sempre indicativo, não podendo pois constituir argumento para tolher a investigação o facto de determinada matéria não constar do questionário.

2. A existência de um relator é obrigatória e a de um grupo de trabalho é facultativa. Este não se poderá substituir ao relator, a não ser que nos termos do n.º 2 a CPI designe quatro relatores que, nessa circunstância, corresponderão ao grupo de trabalho, como decorre do previsto no n.º 3.

Artigo 11.º

Duração do inquérito

1. O tempo máximo para a realização de um inquérito é de 180 dias, findo o qual a comissão se extingue, sem prejuízo do disposto no número seguinte.

2. A requerimento fundamentado da comissão, o Plenário pode conceder ainda um prazo adicional de 90 dias.

3. Quando a comissão não tiver aprovado um relatório conclusivo das investigações efectuadas, o presidente da comissão enviará ao Presidente da Assembleia da República uma informação relatando as diligências realizadas e as razões da inconclusividade dos trabalhos.

Anotações:

1. O n.º 2 tem nova redacção, dada pela lei n.º 126/97.

2. A matéria relativa à duração dos inquéritos que consta do n.º 1 era anteriormente regulada pelo n.º 2 do artigo 3.º da lei n.º 43/77, cuja redacção era a seguinte:

> 2. O prazo para a conclusão dos inquéritos será determinado pela Assembleia, não podendo ser superior a seis meses, sem prejuízo da sua prorrogação a pedido da comissão.

3. Apesar da redacção do n.º 3 parecer clara, nem sempre é respeitada pelos presidentes das CPI's inconclusivas. Mesmo neste caso o Presidente da AR deve ser informado não apenas das razões da inconclusividade (que pode ser uma simples votação), mas também das diligências efectuadas, o que nem sempre sucede ([55]).

([55]) Cfr. Relatório da CPI n.º 8/VII/98, publicado no DAR, II Série - B, n.º 31, de 29 Maio de 1999.

Artigo 12.º

Dos Deputados

1. Os Deputados membros da comissão de inquérito só podem ser substituídos em virtude de perda ou suspensão do mandato ou em caso de escusa justificada.

2. As faltas dos membros da comissão às reuniões são comunicadas ao presidente da Assembleia da República, com a informação de terem sido ou não justificadas.

3. O Presidente da Assembleia anunciará no Plenário seguinte as faltas injustificadas.

4. O deputado que violar o dever de sigilo em relação aos trabalhos da comissão de inquérito ou faltar sem justificação a mais de quatro de reuniões perde a qualidade de membro da comissão.

5. No caso de haver violação de sigilo, a comissão de inquérito deve promover uma investigação sumária e deliberar, por maioria qualificada de dois terços, sobre a sua verificação e a identidade do seu autor.

6. O Presidente da Assembleia da República deverá ser informado do conteúdo da deliberação prevista no número anterior, quando dela resulte o reconhecimento da existência da respectiva violação, e da identidade do seu autor para declarar a perda por parte deste da qualidade de membro da respectiva comissão e dar conta desta sua decisão ao Plenário.

Anotações:

1. O n.º 1 corresponde ao n.º 3 do artigo 3.º da lei n.º 43/77.

2. O n.º 1 consagra um princípio da maior importância na estrutura dos inquéritos parlamentares e no estatuto legal dos deputados que fazem parte das CPI's.

Ao contrário do que sucede nas demais comissões, os deputados que integram as CPI's não podem ser substituídos por decisão do respectivo grupo parlamentar, o que lhes confere uma responsabilidade individual pelos actos e declarações que nelas produzem, que noutros casos não existe ou acaba subsumida na representação do grupo parlamentar.

Formalmente, o único poder dos grupos parlamentares nas CPI's é o de escolher e indicar os deputados que nelas tomarão assento.

3. O regime de faltas dos deputados nas CPI's é idêntico ao que vigora relativamente às outras comissões. A única diferença diz respeito ao anúncio previsto no n.º 3, que só ocorre nas faltas injustificadas nas CPI's, como resulta do artigo 32.º do regimento da AR.

4. A perda e a suspensão do mandato são reguladas pelos artigos 4.º e 8.º da lei n.º 1/93, de 1 de Março (com a redacção que lhe foi dada pela lei n.º 24/95, de 18 de Agosto) e pelos artigos 3.º e 4.º do regimento da AR.

5. Os deputados podem pedir escusa, a qualquer momento, de integrarem uma CPI para a qual tenham sido indicados. Mas não basta uma simples escusa; esta há-de ser fundamentada. Entendemos que o fundamento deverá ser atendível para que possa proceder.

Artigo 13.º

Poderes das comissões

1. As comissões parlamentares de inquérito gozam de todos os poderes de investigação das autoridades judiciais.

2. As comissões têm direito à coadjuvação das autoridades judiciárias, dos orgãos da polícia criminal e das autoridades administrativas, nos mesmos termos que os tribunais.

3. As comissões podem, a requerimento fundamentado dos seus membros, solicitar por escrito ao Governo, às autoridades judiciárias, aos orgãos da Administração ou a entidades privadas as informações e documentos que julguem úteis à realização do inquérito.

4. A prestação das informações e dos documentos referidos no número anterior têm prioridade sobre quaisquer outros serviços e deverá ser satisfeita no prazo de 10 dias, sob pena das sanções previstas no artigo 19.º, salvo justificação ponderosa dos requeridos que aconselhe a comissão a prorrogar aquele prazo ou a cancelar a diligência.

5. O pedido referido no n.º 3 deverá indicar esta lei e transcrever o n.º 4 deste artigo e o n.º 1 do artigo 19.º.

6. No decorrer do inquérito, a recusa de apresentação de documentos ou de prestação de depoimento só se terá por justificada nos termos da lei processual penal.

Anotações:

1. Os n.os 1, 2, 3 e 6 têm nova redacção, dada pela lei n.º 126/97.

2. A lei n.º 43/77 dispunha sobre os poderes das comissões parlamentares de inquérito no artigo 4.º, cuja redacção era a seguinte:

1. As comissões parlamentares de inquérito gozam de todos os poderes de investigação das autoridades judiciais.
2. As comissões têm direito à coadjuvação das autoridades judiciais e administrativas, nos mesmos termos que os tribunais.

3. A lei n.º 5/93, reformulou por completo o sistema de poderes das CPI's e deu a seguinte redacção a este artigo:

1. As comissões parlamentares de inquérito gozam de todos os poderes de investigação das autoridades judiciárias.
2. As comissões têm direito à coadjuvação dos orgãos de polícia criminal e de autoridades administrativas nos mesmos termos que os tribunais.
3. A comissão de inquérito ou a sua mesa, quando aquela não esteja reunida, pode, a requerimento fundamentado dos seus membros, solicitar por escrito aos orgãos do Governo e da Administração ou a entidades privadas as informações e documentos que julguem úteis à realização do inquérito.
4. A prestação das informações e dos documentos referidos no número anterior tem prioridade sobre quaisquer outros serviços e deverá ser satisfeita no prazo de 10 dias, sob pena das sanções previstas no artigo 19.º, salvo justificação ponderosa dos requeridos que aconselhe a comissão a prorrogar aquele prazo ou a cancelar a diligência.
5. O pedido referido no n.º 3 deverá indicar esta lei e transcrever o n.º 4 deste artigo e o n.º 1 do artigo 19.º.
6. No decorrer do inquérito só será admitida a recusa de fornecimento de documentos ou da prestação de depoimentos com o fundamento em segredo de Estado ou em segredo de justiça, nos termos da legislação respectiva.

4. Este artigo constitui o núcleo estruturante dos mecanismos de actuação conferidos às CPI's para alcançar as missões de que são incumbidas

pela AR e inclui as normas que mais atenção têm merecido pela doutrina e pelos tribunais.

5. O n.º 1 deste artigo é mais preciso do que o artigo 178.º, n.º 5 da CRP, ao especificar que as CPI's gozam "de todos os poderes de investigação das autoridades judiciais". Ao usar a expressão "todos os poderes", o legislador quis equiparar plenamente as CPI's às autoridades judiciais. Conjugando esta norma com o princípio da reserva da função jurisdicional aos tribunais, que consta do artigo 202.º da CRP, resulta que os tribunais têm o monopólio de aplicação da lei penal, traduzida no julgamento e na condenação ou absolvição pela prática de crime, mas que já não beneficiam de tal reserva absoluta de competência relativamente à investigação de factos suspeitos de constituírem crime e à recolha dos meios de prova, partilhando esta competência de investigação com as CPI's ([56]).

6. Autoridades judiciárias, nos termos do artigo 1.º, n.º 1, *b*), do CPP são: "o juiz, o juiz de instrução e o Ministério Público, cada um relativamente aos actos processuais que cabem na sua competência"; nos termos da alínea *c*) da mesma disposição do CPP, orgãos de polícia criminal são: "todas as entidades e agentes policiais a quem caiba levar a cabo quaisquer actos ordenados por uma autoridade judiciária ou determinados por este Código".

7. A partir das alterações pela lei n.º 126/97, o regime do segredo de justiça previsto e regulado no artigo 86.º do CPP não se aplica às CPI's. Vejamos porquê.

A lei n.º 5/93, estabelecia que as CPI's gozavam de todos os poderes de investigação das autoridades judiciárias. No que diz respeito à investigação documental a lei previa que no decorrer do inquérito só era possível a recusa de fornecimento de documentos ou da prestação de depoimentos com o fundamento em segredo de Estado ou em segredo de justiça.

Entretanto, a lei n.º 126/97 introduziu várias e substanciais mudanças no regime jurídico dos inquéritos parlamentares. Concretamente, há a registar duas alterações significativas.

A primeira delas é a seguinte: quando o artigo 13.º, n.º 1 equiparava anteriormente as CPI's às autoridades judiciárias para efeitos de investigação, a nova lei vem estabelecer que "as comissões parlamentares de inquérito gozam de todos os poderes de investigação das autoridades judiciais".

A segunda alteração diz respeito ao artigo 13.º, n.º 6. Onde anteriormente se delimitava o acesso das CPI's a documentos e a depoimentos com o

---

([56]) Cfr. Procuradoria-Geral da República, "Pareceres", vol. VII, 1998, págs. 47 e segs..

segredo de Estado e o segredo de justiça, a nova lei, depois de graduar os poderes das comissões no número um do mesmo artigo, estabelece que " a recusa de apresentação de documentos ou de prestação de depoimentos só se terá por justificada nos termos da lei processual penal". Esta alteração faz todo o sentido a partir do momento em que a lei optou por um reforço da judicialização dos inquéritos parlamentares. Esta norma decorre da equiparação das CPI's a autoridades judiciais para efeitos de investigação, querendo significar que, em consequência, elas passarão a estar sujeitas e a operar no âmbito e com os limites com que as autoridades judiciais também operam e actuam. O que sucedeu é que o legislador, ao reforçar os poderes e o estatuto das CPI's, tratou de o fazer de forma coerente e global.

Nestes termos e sabendo nós que às autoridades judiciais não pode ser recusada documentação com fundamento em segredo de justiça, o que de resto constituiria um contra-senso e um factor de imobilização do exercício das naturais e próprias competências e poderes das autoridades judiciais, torna-se claro que também às CPI's não pode ser recusada a apresentação de documentos ou a prestação de depoimentos com fundamento em segredo de justiça.

8. O TC pronunciou-se no sentido de que as CPI's não constituem uma invasão do "núcleo essencial da competência jurisdicional dos tribunais em matéria penal" e concluiu pela inexistência de qualquer "atentado à divisão de poderes, mas antes uma forma de levá-la a cabo, já que a existência e os direitos das comissões de investigação têm na sua base o sistema parlamentar de governo, ocupando um papel relevante dentro dos mecanismos de controlo previstos face a um governo responsável" ([57]).

Na esteira das observações do TC, o legislador clarificou a lei de modo a afastar leituras restritivas do dispositivo constitucional do inquérito parlamentar. A verdade é que, de acordo com a CRP, o segredo de justiça, o segredo de Estado ou o dever de confidencialidade jamais podem implicar a legitimação da recusa em facultar documentos ou prestar depoimentos às CPI's, mas implicam, sim, a extensão aos deputados das CPI's do dever de sigilo, de resto expressamente previsto no artigo 12.º, n.º 4.

Também Nuno Piçarra defende que "está vedado ao legislador ordinário adoptar um regime jurídico que implique a primazia genérica do processo criminal sobre o processo de inquérito parlamentar, impedindo, sem excepção, o parlamento de inquirir de forma autónoma, independentemente do governo, da administração e dos tribunais, sobre os factos e eventos cujo apuramento

---

([57]) Neste sentido, cfr. o acordão n.º 195/94, do TC.

considera necessário para o cabal exercício das suas competências constitucionais" ([58]).

9. Matéria muito controversa, sobretudo a propósito dos inquéritos n.º 8/VII/98 e 9/VII/99, foi à relativa a resistência oferecida pelo PGR em fornecer documentação abrangida pelo segredo de justiça às CPI's.

No nosso país vive-se habitualmente no paradoxo das autoridades judiciárias sacralizarem o instituto do segredo de justiça por um lado, e por outro lado de se assistir à publicação na comunicação social de notícias relativas a processos a ele sujeitos.

Importa lembrar que o segredo de justiça, em processo penal, tem por único fim assegurar os seguintes interesses: a realização de uma justiça isenta e independente (poupada a intromissões de terceiros, a especulações sensacionalistas ou a influências que perturbem a serenidade dos investigadores e dos julgadores); evitar que o arguido, pelo conhecimento antecipado dos factos e das provas, actue de forma a perturbar o processo (dificultando o apuramento daqueles e a reunião destas, senão mesmo a subtrair-se à acção da justiça); evitar que o arguido veja publicamente revelados factos que podem não vir a ser provados (assim se evitando graves prejuízos para a sua reputação e dignidade) e evitar que outras partes no processo, designadamente os presumíveis ofendidos, vejam revelados certos factos prejudiciais à sua reputação e consideração social.

Além do mais, o segredo de justiça não constitui um valor absoluto. Haverá sempre que ter em consideração que outros valores se lhe podem sobrepor, como são os casos do direito à informação do particular face à administração, previsto no art.º 268.º, n.º 1, da CRP, o direito de acesso à justiça e à tutela jurisdicional efectiva, consagrados nos artigos 20.º e 268.º, n.º 4, da CRP e o princípio da proporcionalidade na compressão dos direitos, liberdades e garantias, previstos nos artigos 2.º e 18.º, da CRP.

O CPP prevê, aliás, uma forma de compatibilização entre o estatuto legal das CPI's e o regime do segredo de justiça ao dispôr, no artigo 86.º, n.º 5, que a autoridade judiciária que preside à fase processual respectiva pode "dar ou ordenar ou permitir que seja dado conhecimento a determinadas pessoas do conteúdo do acto ou de documento em segredo de justiça, se tal se afigurar conveniente ao esclarecimento da verdade". E, depois, na linha das considerações que produzimos na anotação anterior, esclarece no n.º 6 que "as pessoas referidas no número anterior ficam, em todo o caso, vinculadas pelo segredo de justiça".

([58]) Cfr. Nuno Piçarra, *ob. cit.*, págs. 219-220.

Por último tenha-se presente que o Conselho Consultivo da Procuradoria-Geral da República considerou, em parecer sobre esta matéria, que "se o risco é nulo ou mínimo, a informação não pode ser recusada"; se o risco incide apenas sobre uma parte de um documento, a outra deve ser revelada; e que "se o risco não existe de todo, as informações devem ser prestadas, mesmo que revelem factos desagradáveis para a autoridade" ([59]).

10. Um caso que ficou célebre e fez história foi o que, com respeito à relação das CPI's com o segredo de justiça, ocorreu com a V CPI ao acidente de Camarate.

O presidente da V Comissão Parlamentar de Inquérito ao Acidente de Camarate de 4 de Dezembro de 1980 (V CPIAC) solicitou ao Juiz do Tribunal de Instrução Criminal de Lisboa a remessa de dois relatórios periciais – o relatório RARDE (Royal Armament Research and Development Establishment) e o relatório do Instituto de Medicina Legal de Coimbra –, bem como dos «fragmentos contidos na denominada amostra H e que foram alvo do estudo do relatório RARDE», constantes no Processo n.º 1020/90 do 3.º Juízo daquele Tribunal, invocando, para o efeito, o disposto na resolução da Assembleia da República n.º 19/93, publicada no Diário da República, 1.ª Série-A, n.º 137, de 14 de Junho de 1993, e o preceituado no artigo 13.º da lei n.º 5/93, de 1 de Março, «e demais legislação aplicável», e aduzindo, como fundamento, o interesse daqueles elementos «para o desenvolvimento dos trabalhos» da referida CPI.

O Juiz do Tribunal de Instrução Criminal de Lisboa, por despacho a fls. 3580.3595 dos autos, indeferiu, porém, o requerido pela CPI, por entender que «quer a Resolução da Assembleia da República n.º 19/93, *maxime* no seu n.º 4, quer os artigos 5.º e 13.º da lei n.º 5/93 violam a CRP, pelo que não podem fundar o solicitado».

Suscitada junto do TC a eventual inconstitucionalidade de várias normas da lei n.º 5/93, aquele concluiu pela não inconstitucionalidade dos artigos 1.º, n.ºs 1 e 2, 5.º, n.ºs 1 e 2 e 13.º, n.º 2 e 3, da referida lei, determinando consequentemente "a reformulação dos despachos recorridos, enquanto recusaram a satisfação do solicitado pelo presidente da V CPIAC" ([60]).

11. Os poderes de investigação das CPI's estão também sujeitos aos limites a que estão sujeitas as autoridades judiciais, designadamente os que se traduzem no respeito dos direitos fundamentais dos cidadãos. Assim, as CPI's não poderão deixar de ter em atenção, por exemplo, a inviolabilidade

([59]) Cfr. o acordão n.º 155/94, do TC.

([60]) idem.

do domicílio, o sigilo da correspondência e de outros meios de comunicação privada e a reserva da intimidade ([61]).

12. A confidencialidade tem no plano jurídico várias aplicações a que subjazem interesses variados e específicos. No segredo profissional, tutelado pelo artigo 135.º do CPP, isto é, o segredo que impende sobre funcionários, advogados, médicos, instituições bancárias, etc., o que "está em causa é a tutela da confiança e a protecção de dados cujo grau de incidência, em termos de intimidade da vida privada é, sem dúvida variável, podendo não ser, em absoluto, sigilosos" ([62]).

13. No caso de se verificar uma escusa de depor ou fornecer documentos, as CPI's têm o poder de ordenar a prestação do depoimento ou o fornecimento do documento, se concluírem pela ilegitimidade da escusa. É o que resulta de equiparação das CPI's às autoridades judiciais relativamente aos poderes de investigação.

Neste caso não estamos perante uma actividade que atinja o núcleo essencial da competência jurisdicional dos tribunais em matéria penal ([63]).

14. Em matéria processual penal sobre segredo profissional relevam os artigos 135.º e seguintes e 182.º, do CPP.

ARTIGO 14.º

Local de funcionamento e modo de actuação

1. As comissões parlamentares de inquérito funcionam na sede da Assembleia da República, podendo, contudo, funcionar ou efectuar diligências, sempre que necessário, em qualquer ponto do território nacional.

2. As reuniões, diligências e inquirições realizadas serão sempre gravadas, salvo se, por motivo fundado, a comissão deliberar noutro sentido.

([61]) Cfr. o Parecer n.º 14/77, da Comissão Constitucional, in "Pareceres da Comissão Constitucional", 2.º vol., págs. 53 e segs..

([62]) Cfr. Parecer n.º 20/94 do Conselho Consultivo da Procuradoria-Geral da República, citado no Parecer n.º 56/94.

([63]) Idem.

3. Quando não se verifique a gravação prevista no número anterior, as diligências realizadas e os depoimentos ou declarações obtidos constarão de acta especialmente elaborada para traduzir, pormenorizadamente, aquelas diligências e ser-lhe-ão anexos os depoimentos e declarações referidos, depois de assinados pelos seus autores.

Anotações:

1. O n.º 1 corresponde ao artigo 5.º da lei n.º 43/77.

Artigo 15.º

Publicidade dos trabalhos

1. As reuniões e diligências efectuadas pelas comissões parlamentares de inquérito são em regra públicas, salvo se a comissão assim o não entender, em deliberação devidamente fundamentada.

2. As actas das comissões, assim como todos os documentos na sua posse, podem ser consultados após a aprovação do relatório final, nas seguintes condições:

a) Não revelem matéria sujeita a segredo de Estado a segredo de justiça ou a sigilo por razões da reserva de intimidade das pessoas;
b) Não ponham em perigo o segredo das fontes de informação constantes do inquérito, a menos que haja autorização dos interessados.

3. A transcrição dos depoimentos prestados perante as comissões de inquérito só pode ser consultada ou publicada com autorização dos seus autores e do Plenário.

Anotações:

1. Este artigo tem nova redacção, dada pela lei n.º 126/97.

2. A matéria relativa à publicidade dos trabalhos das CPI's era regulada pelo artigo 6.º da lei n.º 43/77, cuja redacção era a seguinte:

(Publicidade dos trabalhos das comissões)

1. As reuniões e diligências efectuadas pelas comissões parlamentares de inquérito só serão públicas quando estas assim o determinarem.
2. Só o presidente da comissão, ouvida esta, pode prestar declarações públicas relativas ao inquérito.
3. As actas das comissões só poderão ser consultadas após a apresentação do relatório final.
4. Os depoimentos feitos perante as comissões não podem ser consultados ou publicados, salvo autorização do seu autor.

3. Uma das alterações mais importantes introduzidas pela lei n.º 126/ /97 foi a do princípio da publicidade das reuniões das CPI's, salvo deliberação fundamentada em contrário. Tratou-se da inversão do princípio que anteriormente vigorava. Antes, as reuniões só eram públicas quando as CPI's deliberassem nesse sentido.

O secretismo *versus* publicidade dos trabalhos das CPI's é um dos problemas mais polémicos e discutidos do regime jurídico das CPI's. Os adeptos de ambas as opções justificam-nos com argumentos relativos a uma maior eficácia das investigações.

Os que defendem o secretismo defendem que só com reuniões à porta fechada se pode garantir a racionalização dos argumentos, o esbatimento das diferenças partidárias em prol da seriedade e da isenção da investigação e a prevalência da preocupação em aprofundar a documentação e os depoimentos, em detrimento da obsessão em aproveitar os holofotes da comunicação social para publicitar documentos, prejudicando até a eficácia do inquérito.

Os que defendem a opção contrária fazem-no com argumentos relativos à necessidade de transparência da vida pública, de escrutínio da vida política pela opinião pública e de garantia de um maior empenhamento dos deputados, eles próprios sujeitos à vista e à crítica dos cidadãos.

Estas escolhas – limite possibilitam o aparecimento de várias alternativas. Uma é a de remeter para as CPI's o poder de decisão sobre esta matéria. Outra, é a consagrada na lei portuguesa, na qual se estabelece a regra da publicidade, no sentido de transmitir confiança aos cidadãos, prevendo-se a possibilidade de as CPI's deliberarem fundamentadamente efectuar diligências à porta fechada, como recentemente aconteceu, entre nós, no inquérito n.º 10/VII/99.

4. As normas deste artigo sobre a divulgação das actas das CPI's não são articuláveis, de forma coerente, com a regra que passou a vigorar da

publicidade das reuniões. Sendo as reuniões públicas, não faz sentido que o plenário tenha, em todos os casos, de ser chamado a dar autorização para a consulta das actas dessas reuniões. A manter-se no futuro o princípio da publicidade, este sistema de normas deverá ser ajustado a essa realidade.

Evidentemente que devem continuar a merecer o mesmo tratamento a divulgação ou a consulta de actas de reuniões de CPI's que se tenham realizado à porta fechada.

Artigo 16.º

Convocação de pessoas e contratação de peritos

1. As comissões parlamentares de inquérito podem convocar qualquer cidadão para depor sobre factos relativos ao inquérito.

2. As convocações serão assinadas pelo presidente da comissão ou, a solicitação deste, pelo Presidente da Assembleia da República e deverão conter as indicações seguintes:

a) O objecto do inquérito;
b) O local, o dia e a hora de depoimento;
c) As sanções previstas no artigo 19.º da presente lei.

3. A convocação será feita para qualquer ponto do território, sob qualquer das formas previstas no Código de Processo Penal, devendo, no caso de funcionários e agentes do Estado ou de outras entidades públicas, ser efectuada através do respectivo superior hierárquico.

4. As comissões podem requisitar e contratar especialistas para as coadjuvar nos seus trabalhos mediante autorização prévia do Presidente da Assembleia da República.

Anotações:

1. Os n.os 1 e 2 correspondem aos n.os 1 e 2 do artigo 7.º da lei n.º 43/ /77.

2. A remissão anteriormente feita para o artigo 10.º da lei, relativa às sanções criminais devidas pelo não acatamento de convocação por uma CPI, é agora feita para o artigo 19.º.

3. A redacção anterior do n.º 3 era a seguinte:

3. A convocação será feita sob a forma de aviso para qualquer ponto do território, nos termos do artigo 83.º do Código de Processo Penal, podendo, contudo, no caso de funcionários, agentes do Estado ou de outras entidades públicas, ser efectuada através do respectivo superior hierárquico.

ARTIGO 17.º

Depoimentos

1. A falta de comparência ou a recusa de depoimento perante a comissão parlamentar de inquérito só se terá por justificada nos termos gerais da lei processual penal.

2. A obrigação de comparecer perante a comissão tem precedência sobre qualquer acto ou diligência oficial.

3. Não é admitida, em caso algum, a recusa de comparência de funcionários, de agentes do Estado e de outras entidades públicas, podendo, contudo, estes requerer a alteração da data da convocação, por imperiosa necessidade de serviço, contando que assim não fique frustada a realização do inquérito.

4. A forma dos depoimentos rege-se pelas normas aplicáveis do Código de Processo Penal sobre prova testemunhal.

Anotações:

1. Os n.os 1, 2, 3 e 4 correspondem aos n.os 1, 2, 3 e 5 do artigo 8.º da lei n.º 43/77.

2. No n.º 1 procedeu-se a uma melhoria de redacção de pormenor.

3. Foi suprimido o n.º 4 do artigo 8.º da lei n.º 43/77, cuja redacção era a seguinte:

> 4. No depoimento de funcionários e agentes só será admitida a recusa de resposta com fundamento em interesse superior do Estado devidamente justificado, conforme os casos, pelo Conselho da Revolução ou pelo Governo ou em segredo de justiça.

4. As regras sobre prova testemunhal constam dos artigos 128.º a 139.º do CPP.

Artigo 18.º

Encargos

1. Ninguém pode ser prejudicado no seu trabalho ou emprego por virtude da obrigação de depor perante a comissão parlamentar de inquérito, considerando-se justificadas todas as faltas de comparência resultantes do respectivo cumprimento.

2. As despesas de deslocação, bem como a eventual indemnização que, a pedido do convocado, for fixada pelo presidente da comissão, serão pagas por conta do orçamento da Assembleia da República.

Anotações:

1. Este artigo corresponde ao artigo 9.º da lei n.º 43/77.

Artigo 19.º

Sanções criminais

1. Fora dos casos previstos no artigo 17.º, a falta de comparência, a recusa de depoimento ou não cumprimento de ordens legítimas de uma comissão parlamentar de inquérito no exercício das suas funções constituem crime de desobediência qualificada, para os efeitos previstos no Código Penal.

2. Verificado qualquer dos factos previstos no número anterior, o presidente da comissão, ouvida esta, comunicá-lo-à ao Presidente da Assembleia, com os elementos indispensáveis à instrução do Processo, para efeito de participação à Procuradoria-Geral da República.

Anotações:

1. Este artigo corresponde ao artigo 10.º da lei n.º 43/77, cuja redacção era a seguinte:

(Sanções Criminais)

1. Fora dos casos previstos no artigo 8.º, a falta de comparência, a recusa de depoimento ou o não cumprimento de ordens de uma

comissão parlamentar de inquérito no exercício das suas funções constituem crime de desobediência, punível com pena de prisão não inferior a três meses.

2. Verificado qualquer dos factos previstos no número anterior, o presidente da comissão comunicá-lo-á ao Presidente da Assembleia da República, com os elementos indispensáveis à instrução do processo, para efeito de participação à Procuradoria-Geral da República.

2. O crime de desobediência qualificada está previsto no artigo 348.º do CP.

Artigo 20.º

Relatório

1. O relatório final referirá, obrigatoriamente:

a) O questionário, se o houver;
b) As diligências efectuadas pela comissão;
c) As conclusões do inquérito e os respectivos fundamentos;
d) O sentido de voto de cada membro da comissão, assim como as declarações de voto escritas.

2. A comissão poderá propor ao Plenário ou à Comissão Permanente a elaboração de relatórios separados, se entender que o objecto do inquérito é susceptível de investigação parcelar, devendo os respectivos relatórios ser tidos em consideração no relatório final.

3. O relatório será publicado no Diário da Assembleia da República.

Anotações:

1. Este artigo corresponde ao artigo 11.º da lei n.º 43/77, cuja redacção era a seguinte:

(Relatório)

1. No final do inquérito a comissão elaborará um relatório, contendo as respectivas conclusões.

2. Se entender que o objecto do inquérito é susceptível de investigação parcelar, a comissão poderá propor à Assembleia a apresentação de relatórios separados sobre cada uma das suas partes.

3. O relatório será publicado no Diário da Assembleia da República.

2. O PS propôs no projecto de lei n.º16/VII ([64]) que as conclusões dos inquéritos parlamentares fossem votadas por uma maioria de dois terços. Esta proposta tinha sido adoptada pelo PS em legislaturas anteriores, em que existia uma maioria do PSD, como forma de impedir que os votos do PSD fossem suficientes para fazer aprovar conclusões de inquéritos parlamentares. O PS manteve essa proposta e no quadro que resultou das eleições legislativas de 1995 ela implicava que o PS passaria a ter "direito de veto" sobre as conclusões dos inquéritos parlamentares que porventura viessem a desagradar ao Governo socialista ou à maioria parlamentar. Esta proposta foi derrotada pela oposição do PP, PSD e do PCP.

3. A lei é omissa relativamente aos métodos de votação dos relatórios. Desde sempre as CPI's adoptaram e a nosso ver bem a regra da votação linha a linha. Mas as CPI's têm liberdade para, em cada momento e muitas vezes ao sabor dos interesses conjunturais das maiorias que nelas se formam, alterarem essa regra. Foi precisamente o que sucedeu na CPI n.º 8/VII/98, na qual o PS e o PSD se entenderam para votarem dois relatórios pelo método tradicional do processo legislativo da votação na generalidade, na especialidade e em votação final global.

Artigo 21.º

Debate e resolução

1. Até 30 dias após a publicação do relatório o Presidente da Assembleia da República inclui a sua apreciação na ordem do dia.

2. Juntamente com o relatório, a comissão parlamentar de inquérito pode apresentar um projecto de resolução.

3. Apresentado ao Plenário o relatório, será aberto um debate.

4. O debate é introduzido por uma breve exposição do presidente da comissão e do relator ou relatores designados e será regulado nos termos do Regimento.

([64]) Publicado no DAR, II Série-A, n.º 9, de 11 de Dezembro de 1996.

5. O Plenário pode deliberar sobre a publicação integral ou parcial das actas da comissão.

6. Juntamente com o relatório, o Plenário aprecia os projectos de resolução que lhe sejam apresentados.

7. O relatório não será objecto de votação no Plenário.

Anotações:

1. Este artigo corresponde ao artigo 12.º da lei n.º 43/77, cuja redacção era a seguinte:

(Debate e resolução)

1. Juntamente com o relatório, as comissões parlamentares de inquérito poderão apresentar um projecto de resolução.
2. Apresentado à Assembleia o relatório, será aberto um debate regulado nos termos do Regimento, sendo no final votados os projectos de resolução que houverem sido propostos.
3. O relatório não será objecto de votação na Assembleia.

2. O n.º 2 inclui a norma ao abrigo da qual as CPI's podem extrair consequências políticas das conclusões a que chegaram, habilitando a própria AR a fazê-lo. É através de um projecto de resolução que o Plenário pode deliberar enviar o relatório de uma CPI para outros órgãos de soberania ou instituições independentes, com vista a outro tipo de investigações que possam conduzir à aplicação de sanções para as quais as CPI's são incompetentes.

3. Como resulta da CRP e do regimento da AR, qualquer deputado ou grupo parlamentar pode apresentar projectos de resolução a propósito das conclusões de uma CPI, os quais, nesse caso, deverão ser discutidos juntamente com o proposto pela própria CPI.

4. O n.º 7 consagra o princípio da irrevogabilidade do relatório e das conclusões de uma CPI. O plenário tem o máximo poder de deliberar sobre se quer ou não efectuar um inquérito parlamentar e de lhe definir o seu preciso objecto. A partir desse momento o plenário perde qualquer controlo da actividade da CPI criada em resultado daquela deliberação, não podendo sequer votar o seu relatório.

A apreciação de um relatório de uma CPI consiste, pois, num puro debate político sobre o seu conteúdo e, caso existam, num debate e numa votação sobre os projectos de resolução entretanto apresentados, os quais não podem directa ou indirectamente alterar o conteúdo dos relatórios.

Artigo 22.º

Norma revogatória

É revogada a Lei n.º 43/77, de 18 de Junho.

Anotações:

1. A lei n.º 43/77 foi aprovada em 22 de Março de 1977, promulgada em 19 de Maio de 1977 e publicada no DR, I Série, n.º 139, de 18 de Junho de 1977.

6.3. O REGIMENTO DA AR

SECÇÃO IX

INQUÉRITOS

Artigo 255.º

(Objecto)

1. Os inquéritos parlamentares destinam-se a averiguar do cumprimento da Constituição e das leis e a apreciar os actos do Governo e da Administração.

2. Qualquer requerimento ou proposta tendente à realização de um inquérito deve indicar os seus fundamentos e delimitar o seu âmbito, sob pena de rejeição liminar pelo Presidente.

Artigo 256.º

(Iniciativa)

A constituição das comissões de inquérito, a iniciativa do inquérito e a sua realização processam-se nos termos previstos na lei.

Artigo 257.º

(Apreciação do inquérito parlamentar)

1. A Assembleia pronuncia-se sobre o requerimento ou a proposta até ao 15.º dia posterior ao da sua publicação no Diário ou à sua distribuição em folhas avulsas aos grupos parlamentares.

2. no debate intervêm um dos requerentes ou proponentes do inquérito, o Primeiro-Ministro ou outro membro do Governo e um representante de cada grupo parlamentar.

Artigo 258.º

(Deliberação)

1. Deliberada a realização do Inquérito, quando aquela for exigível, é constituída, nos termos da lei e do artigo 39.º do Regimento, uma comissão eventual para o efeito.

2. O Plenário fixa a data, nos termos e limites previstos na lei, até quando a comissão deve apresentar o relatório.

3. Se o relatório não for apresentado no prazo fixado, a comissão deverá justificar a falta a solicitar ao Plenário a prorrogação do prazo nos termos e limites previstos na lei.

Artigo 259.º

(Poderes da comissão parlamentar de inquérito)

As comissões parlamentares de inquérito gozam dos poderes de investigação próprios das autoridades judiciárias e demais poderes e direitos previstos na lei.

7. O FUTURO DOS INQUÉRITOS PARLAMENTARES

Agora que parece estar na moda importarmos de Espanha accionistas para bancos e companhias de seguros, talvez fosse bom aproveitarmos o balanço e importarmos também o juíz Baltazar Garçon. Os políticos portugueses não estão habituados a serem investigados a sério pelo poder judicial, muito menos pelo parlamento. Habituaram-se à impunidade total que lhes é assegurada por um sistema político condicionado por interesses inconfessáveis, por cumplicidades e pelo medo, que acaba por fechar os olhos a tudo e por um Ministério Público e um sistema judicial que não funcionam e que, apesar de saberem onde estão as ilegalidades e muitas vezes os crimes, parecem tudo fazer para que nada aconteça e tudo prescreva, assegurando assim o êxito dessas ilegalidades e desses crimes.

A verdade é que também em Portugal existe uma espécie de "polvo de interesses", que ao contrário do que muitos pensam não tentaculiza apenas os partidos do chamado "bloco central".

Vem isto a propósito das recentes experiências de inquéritos parlamentares, sobretudo o que investigou a reprivatização da Mundial Confiança e do Banco Totta & Açores. É uma evidencia que os portugueses desconfiam, desprezam, quando não zombam dos inquéritos parlamentares. E têm boas razões para isso.

O país acha que os inquéritos parlamentares não têm consequências. E acha bem. O país acha que os governos e os políticos profissionais do tráfico de influências exercem coacção sobre os deputados para estes votarem, não de acordo com as suas consciências ou de acordo com os factos apurados, mas sim em função das ordens "de cima", transmitidas a um qualquer deputado servil que as executa diligentemente no afã de garantir lugar na próxima lista. E acha bem.

Nos anais da história parlamentar ficará para sempre gravada, como paradigma da seriedade das conclusões a que os deputados chegam nas CPI's, a intervenção em plenário do deputado relator da CPI n.º 11/V/89 quando afirmou textualmente que aquela comissão "apurou irregularidades e assumiu que a responsabilidade destas podem e devem ser sempre assacadas aos responsáveis políticos (...) o sentido que essa responsabilidade deve assumir não pode ser avaliado desligado do objectivo que norteou a tomada de decisão, do seu resultado final e da seriedade que presidiu à sua actuação. (...) Ora, (...) o objectivo foi sempre a prossecução do interesse público, o resultado final traduziu-se numa maioria inquestionável dos cuidados de saúde" ([65]).

Este tipo de discursos é exemplar da forma como na altura o partido maioritário, o PSD, encarava os resultados das CPI's. Para um partido maioritário os inquéritos parlamentares servem essencialmente para defender o Governo e não para, de forma isenta, apurarem responsabilidades. Da experiência de inquéritos parlamentares entre 1995 e 1999, em que o partido maioritário deixou de ser o PSD e passou a ser o PS, embora de forma não absoluta, podemos afirmar que a tentação branqueadora de inquéritos parlamentares sérios é exactamente a mesma. Esta conclusão é legitimada pela atitude dos deputados do PS na tentativa desesperada e, por vezes, até patética, de impedir que as CPI's que investigaram as privatizações da Mundial Confiança e do BTA e as denúncias de corrupção na JAE mexessem demasiado com interesses económicos na altura super protegidos pelo Governo socialista no primeiro caso, ou com a responsabilidade dos Ministros socialistas no segundo caso.

O predomínio da vontade das maiorias nas CPI's é, actualmente, quase incontornável, o que leva por vezes a oposição a optar por recursos extremos como é o do abandono das votações dos relatórios como sucedeu nos inquéritos n.º 4/V/87 e 1/VI/91. Como o PS não teve maioria absoluta na VII legislatura, procedeu exactamente da mesma forma relativamente à CPI n.º 10/VII/99, no sentido de impedir que o Governo fosse ainda mais chamuscado do que já tinha sido no

---

([65]) Cfr. Nuno Delerue de Matos, DAR, I Série, n.º 93, de 18 de Junho de 1991.

caso da actuação dos serviços de informações e da sua relação com actividades de polícia.

A verdade é que o comportamento dos partidos maioritários nos inquéritos parlamentares provem duma mesma cultura política de sobreposição dos interesses partidários e do governo que se apoia, ao interesse da descoberta da verdade dos factos inquiridos e da respectiva imputação de responsabilidades políticas.

O país pensa que quando as CPI's, por um qualquer imprevisto, apuram ilegalidades, indícios de crime e se dispõem a propor consequências, o sistema dos interesses, que actua em todos os partidos, se une para "tramar" a ousadia. E pensa bem.

Do que se duvida é que a democracia sobreviva nesta promiscuidade, cada vez mais descarada, entre o poder do dinheiro e o poder político.

A verdade é que o grande e verdadeiro problema da vida política portuguesa é o de saber quando é que as instituições terão coragem para dizer que a Lei quando nasce é para todos, é para todos cumprirem e que quem é pago para a fazer cumprir actue em conformidade e a aplique.

Enquanto for possível fazer inquéritos parlamentares sem que previamente todos os deputados da respectiva comissão publicitem uma declaração de inexistência de conflitos de interesses com as entidades visadas no inquérito, a democracia não recuperará credibilidade. Enquanto for possível ameaçar publicamente as CPI's, coagir os deputados que as integram a votar de acordo com as conveniências e os interesses de quem coage e enquanto for, ainda, possível cometer a suprema batota política de alterar as regras de votação de relatórios quando estes já estão entregues e como aconteceu recentemente no caso do relatório que apresentei sobre a reprivatização da Mundial Confiança e do Banco Totta & Açores, é o parlamento que não se dá ao respeito.

Enquanto for possível a qualquer deputado falsificar impunemente relatórios de inquéritos parlamentares, por exemplo, dando oficialmente como recebidos por uma CPI documentos que nunca existiram sequer, isso é sinal de que vale tudo. Neste caso, são os próprios deputados que dão o mau exemplo de torpedearem princípios éticos fundamentais que, para lá de todas as leis e de todas as normas, devem presidir à intervenção política dos deputados nas CPI's.

Enquanto for possível afirmar, sem qualquer consequência, que as decisões de um Ministro das Finanças, relacionadas com a reprivatização de um banco, não podem ser investigadas num inquérito parlamentar que tem por objecto exactamente a reprivatização desse banco, os políticos não se prestigiam – desqualificam-se. Enquanto for possível a um Ministro das Finanças fundamentar decisões de milhões sobre pareceres que já citam a própria decisão, que é suposto ainda não existir, mais uma vez sem consequências, isto merece investigação e sanção. Enquanto for possível mentir impunemente numa comissão de inquérito, isso significa má fé de quem mente e cumplicidade de quem ouve sem reacção.

Enquanto for possível aos cidadãos em geral e aos governos, em especial, recusarem ilegalmente documentos a uma comissão de inquérito, sem espanto, surpresa ou consequência, é o Estado de Direito que está em crise. Enquanto for possível um inquérito parlamentar terminar sem relatório, sem conclusões ou até, para cúmulo do laxismo, não chegar a investigar algum caso para que foi mandatado, é o próprio funcionamento democrático do parlamento que está em causa.

Estes e outros aspectos dos inquéritos parlamentares é que é necessário mudar, para que tenham mais transparência e, sobretudo, mais consequência. Mas é urgente que esta transparência chegue também ao Governo, ao mercado e às instituições de supervisão, que têm nos últimos anos transmitido para a praça pública a ideia de que actuam ou não actuam em função da cobertura do poder político e do poder económico e não com a independência que a lei lhes exige.

Com efeito, a prática de não enviar documentos solicitados pelas CPI's ao abrigo da lei está, infelizmente, generalizada a toda a administração. De nada tem servido a lei prever crimes e cominar penas para esta situação. De nada tem servido o princípio legalmente consagrado da prioridade na satisfação das solicitações das CPI's. Alguns dos deputados que exercem a respectiva presidência, são os primeiros a dar o mau exemplo de não cumprirem as obrigações que a lei lhes atribui, não tomando nenhuma das atitudes que a lei lhes faculta, designadamente a informação desses factos ao Presidente da AR.

A democracia portuguesa precisa de mais credibilidade e, sobretudo, de mais seriedade. Qualquer regime moderno tem leis a sério para o "lobying" e para crimes de natureza especificamente política. A degradação crescente da vida política que começou durante o cavaquismo e se agravou durante o guterrismo está a exigir duas coisas: a primeira é que os portugueses se irritem a sério; a segunda é que alguém vá preso.

A verdade é que nos últimos vinte cinco anos não é possível citar de memória, nem porventura com consulta, nenhum caso exemplar de combate à corrupção. Por junto, ocorre-nos o "meio-corrupto" do célebre caso do fax de Macau (recorde-se que na altura só se lobrigou o corruptor activo sem se ter alcançado o corruptor passivo...), o resultado zero na área do branqueamento de capitais e, mais recentemente a condenação do Sr. João Caldeira pelas fraudes praticadas na Expo 98. Já em matéria fiscal e apesar das largas manchas de incumprimento, visíveis a olho nú na sociedade portuguesa, sobrevive apenas o Sr. João Cebola, da Oliva, como paradigma da eficácia judicial. Convenhamos que é curto, muito curto e, acima de tudo, enganador.

É neste contexto que devemos reflectir sobre a eficácia dos inquéritos parlamentares e, sobretudo, sobre o futuro deste instituto de direito público e de direito parlamentar que, em abstracto e teoricamente, têm um papel que se pode revelar da maior importância no sentido de melhorar o funcionamento do sistema político e de contribuir, a seu modo e com os limites que a lei lhe impõe e a sua natureza exige, para que os cidadãos confiem mais na transparência do Estado.

É uma evidência que os inquéritos parlamentares têm um défice profundo de prestígio e credibilidade junto dos cidadãos. A esta situação não será certamente estranha a ineficácia das CPI's, a sobreposição dos interesses partidários à verdade dos factos apurados em muitos inquéritos e, neste último caso, a falta de consequência prática das irregularidades, ilegalidades e até indícios de crime, aqui e ali detectados ([66]).

([66]) Neste sentido, abundam as referências na imprensa portuguesa. Por todos, Cfr. Angela Silva e Ana Sá Lopes, "Inquéritos sem consequência", Público, 29 de Março de 1991; Cristina Figueiredo, "Perguntas sem resposta", Expresso, 22 de Junho de 1991; Rui Costa Pinto, "A culpa continua solteira", Independente, 14 de

Também é verdade que, a partir do momento em que as reuniões das CPI's passaram a ser em regra públicas, passou a ser mais fácil à opinião pública "fiscalizar" as próprias CPI's, tornando-se, assim, inevitável a comparação entre o que se passou durante as diligências com os relatórios e as conclusões tiradas a final. Sempre que se formam "maiorias de branqueamento" numa CPI que, ao longo dos trabalhos, foi apurando factos graves, com os quais os cidadãos puderam tomar conhecimento, é claro que isso redunda em descredibilização dos inquéritos parlamentares e da própria instituição parlamentar.

É talvez esta a razão pela qual se começaram de novo a ouvir algumas vozes no sentido de regressar ao sistema das reuniões à porta fechada. Tanto basta para que se defenda que a regra se mantenha.

A publicidade dificulta os acordos de bastidores e quando não é suficiente para os impedir, torna mais fácil desvendá-los. Foi o que recentemente aconteceu ao inquérito parlamentar n.º 8/VII/98 ([67]).

Quem tem da democracia a concepção de um atoleiro de interesses económicos, políticos e pessoais, que, a partir de certo ponto, não devem ser postos em causa, certamente defenderá o regresso dos inquéritos parlamentares à lei do segredo. Não é o nosso caso.

Mais: se uma CPI funciona à vista dos cidadãos e chega ao fim de meses de trabalho, de diligencias e de audiências, e não tira as respectivas conclusões do que leu, ouviu e debateu fica evidentemente debilitada pela comparação entre o trabalho feito e os resultados obtidos. O inquérito parlamentar n.º 8/VII/98 é também paradigmático acerca deste ponto ([68]).

Maio de 1990; Eunice Lourenço, "Comissão de arquivo – Inquéritos aos governos PSD acabou ontem com relatório chumbado e sem conclusões ", Público, 13 de Maio de 1999; A. Oliveira e Castro, "A cor do dinheiro", Jornal de Notícias, 15 de Maio de 1999; António José Teixeira, "E que a política viva!", Diário de Notícias, 15 de Maio de 1999; Paula Sá, "Inquéritos inconsequentes", Diário de Notícias, 16 de Maio de 1999.

([67]) O PS e o PSD propuseram e fizeram aprovar uma mudança das regras de votação desde sempre praticadas nas CPI's, no sentido de evitar a discussão à porta aberta de várias ilegalidades e indícios de crime nos relatórios sobre a oferta pública de aquisição apresentada pelo BCP sobre o BPA e sobre a reprivatização da Companhia de Seguros Mundial Confiança e do Banco Totta & Açores.

([68]) A CPI n.º 8/VII/98 foi constituída "para apreciação de actos dos Governos do PS e do PSD envolvendo o Estado e Grupos Económicos através de Resolução

O sucesso, a qualidade e a seriedade dos inquéritos parlamentares depende muitíssimo da atitude pessoal dos deputados, do seu labor investigatório, do seu empenho em apurar factos e interrogar os depoentes, na solicitação de documentos e, sobretudo, da sua coragem

---

publicada no DAR, I Série-A, n.º 59, de 12 de Junho de 1998, envolvendo a apreciação dos seguintes "dossiers": processo da oferta pública de aquisição do BPA lançada pelo BCP; processo de privatização de Mundial Confiança e do BTA; processo de privatização do Jornal de Notícias e do Diário de Notícias e processo de privatização do BESCL e da Tranquilidade.

A Comissão apreciou e votou dois relatórios, aprovando um e rejeitando outro.

Anexa-se, para os devidos efeitos, o relatório aprovado e respectivas declarações de voto apresentadas à Comissão. Este relatório diz respeito ao processo de oferta pública de aquisição do Banco Português do Atlântico lançado pelo Banco Comercial Português.

Relativamente ao relatório sobre os processos de privatização do Banco Totta & Açores e da Mundial Confiança, o plenário da Comissão procedeu à sua apreciação e votação no prolongamento da reunião de 28 de Abril último, em sessão da Comissão de 11 de Maio corrente, de acordo com a ordem de trabalhos da reunião, expressa para o efeito.

O relatório foi rejeitado na generalidade.

Foi entendimento da mesa, ratificado pelo plenário da Comissão, que, face ao prazo fixado para o respectivo funcionamento, já não era possível proceder-se à nomeação de um novo relator para a elaboração de um relatório alternativo.

O relatório rejeitado passou a constar do acervo documental da Comissão.

Quanto ao dossier «Processos de privatização do Jornal de Notícias e Diário de Notícias», apesar de se ter solicitada, atempadamente, ao Governo vária documentação para instrução do processo, esta só foi enviada no final do prazo estipulado para o funcionamento da Comissão, pelo que foi entendido, designadamente pelo relator, não estarem reunidas condições para a elaboração do respectivo relatório.

Relativamente aos restantes dossiers, não foi possível proceder-se à elaboração dos respectivos relatórios por manifesta falta de tempo.

Esta questão, aliás, suscita a necessidade de ser ponderada para futuro, a atribuição às Comissões de inquérito parlamentar de um objecto bem definido, que não envolva uma pluralidade excessiva de dossiers distintos e diferenciados, que obriga a uma multiplicidade de diligências, e igual multiplicidade de relatórios. "(Relatório Final da Comissão Eventual de Inquérito n.º 8/VII/98. Publicado no DAR, II Série--B, n.º 31, de 29 de Maio de 1999). O Presidente da Comissão, o deputado do PSD Guilherme Silva, esqueceu-se naturalmente de referir a sua responsabilidade pessoal na demora da entrada em funcionamento da Comissão, para que esta investigasse o menos possível estes "dossiers" do Governo do seu próprio partido...

política para tirar consequências das ilegalidades apuradas, quando existam.

Mas as regras de funcionamento dos inquéritos podem ajudar ou dificultar o seu bom funcionamento. Cumpre reconhecer que o actual regime dos inquéritos parlamentares pode ser substancialmente melhorado ([69]). Depois de todas as ocorrências em que esta legislatura foi fértil não é difícil prever que, num sentido ou noutro, será difícil resistir à tentação de introduzir alterações do regime jurídico dos inquéritos parlamentares na legislatura que inicia em Outubro de 1999. Por nós, apresentamos desde já alguns contributos, beneficiando da experiência adquirida com a participação que tivemos nas CPI's n.º 7/VII//97 e n.º 8/VII/98.

Em primeiro lugar, defendemos que todos os deputados que integrarem uma CPI apresentem até ao início dos respectivos trabalhos uma declaração de inexistência de conflitos de interesses. Esta declaração deverá ser escrita, expressa, obrigatória e pública e deve abranger todas as entidades privadas que façam parte do objecto do inquérito parlamentar. A sanção para as falsas declarações deve ser, entre outras de índole criminal, a perda imediata do mandato.

É absolutamente essencial para a transparência das CPI's e das respectivas conclusões a certeza de que nenhum deputado está por qualquer vínculo ligado às entidades visadas no inquérito. Já do ponto de vista ético seria inqualificável descobrir-se que um qualquer deputado tinha votado as conclusões de um inquérito parlamentar que ilibaram, por exemplo, determinada instituição bancária sendo funcionário desse banco.

Em segundo lugar, insistimos na ideia de que uma CPI que tem por objecto apreciar actos de um Governo não deve ser presidida por nenhum deputado do mesmo partido que formou esse Governo ou (vg. em caso de coligação) o sustentou parlamentarmente. Discordamos da

---

([69]) Neste sentido, entre muitos outros, Cfr. José Junqueiro, deputado do PS e Presidente da CPI n.º 9/VII/99 (inquérito aos indícios de corrupção na JAE): "defendo a modificação do regimento, conferindo maior força jurídica às comissões da clarificação em que se refere ao segredo de justiça e também aos meios adstritos. Não faz sentido as comissões funcionarem só com pessoal administrativo". Estas declarações foram publicadas no jornal "Público", edição de 21 de Julho de 1999.

ideia, já em tempos proposta pelo PRD em sede de revisão constitucional, embora sem sucesso, de que os Presidentes das CPI's devem ser indicados pelo partido proponente dos inquéritos. Mas parece-nos totalmente descabido que, por exemplo, CPI's que são incumbidas de investigar actos de Governos do PS sejam presididas por deputados socialistas e as que tenham por missão averiguar actos de Governos do PSD sejam presididas por deputados do PSD ([70]). A verdade é que por muito sérios que sejam do ponto de vista pessoal, esses deputados terão natural tendência, nem que seja no subconsciente, para "puxar a brasa à sua sardinha", comprometendo-se e comprometendo a seriedade do funcionamento das CPI's. Ainda recentemente isso aconteceu de forma descarada, com o inquérito n.º 8/VII/98.

Em terceiro lugar, é necessário que ao reforço dos poderes das CPI's corresponda um maior empenho na sua dignificação e credibilização junto dos cidadãos. Estes objectivos serão totalmente frustados se, apesar do reforço legal das CPI's, estas persistirem em não ser conclusivas. É difícil compreender que, após meses de funcionamento, dezenas de reuniões, dezenas de audições e outras diligencias, milhares de páginas de documentação e largas horas de debate de projectos de relatório, as CPI's renunciem, a final, a assumir a responsabilidade de tirar conclusões do trabalho, muitas vezes profundo e moroso, que efectuaram.

Nestes termos parece-nos de toda conveniência que a lei consagre a obrigatoriedade de elaboração de relatório sobre todas as situações que são objecto de inquérito parlamentar. É esta solução que se pretende consagrar e que, no fundo, constituirá o corolário lógico dos esforços legislativos que já foram feitos, no sentido de dotar os inquéritos parlamentares de todos os meios necessários à sua eficácia e à sua credibilização política.

Em quarto lugar, sugerimos que a lei consagre de forma explícita e inequívoca que os depoimentos prestados no âmbito dos inquéritos parlamentares o sejam sob juramento. É verdade que a lei actual faz uma remissão genérica quanto à forma dos depoimentos para o disposto no Código de Processo Penal sobre a prova testemunhal. Este estipula

([70]) Foi o que sucedeu por exemplo com as CPI's n.º 7/VII/97 e n.º 8/VII/98.

como deveres de testemunha "prestar juramento" e "responder com verdade às perguntas que lhe foram dirigidas".

Em todo o caso parece-nos aconselhável, em matéria tão delicada quanto o é, ou deve ser, um inquérito parlamentar, não deixar margem para grandes dúvidas sobre a forma como as CPI's podem exercer os mandatos que recebem da AR.

Em quinto lugar, defendemos que as CPI's passem a ter uma composição paritária, no sentido de que os quatro maiores grupos parlamentares devem indicar o mesmo número de deputados. Só esta regra impedirá que ao longo dos trabalhos das CPI's os partidos maioritários possam condicionar, pela razão da proporcionalidade, as decisões dos inquéritos parlamentares.

É verdade que esta regra subverte a lógica da proporcionalidade no funcionamento do parlamento, que está articulada com o nosso sistema eleitoral. Mas a verdade também é que há precedente ([71]). E por outro lado, a especificidade do instituto dos inquéritos parlamentares justifica plenamente que se lhes apliquem regras, muitas delas já consagradas na lei, que em situações correntes e comuns não devem aplicar-se. A título de exemplo, basta pensarmos no seguinte: a recusa de documentação a uma CPI constitui, nos termos da lei, crime de desobediência qualificada; a recusa de documentação a um deputado não constitui crime.

Em sexto lugar, a relação das CPI's com as autoridades a quem compete zelar pelo segredo de justiça carece de ser clarificada. Como atrás escrevemos, já hoje resulta das várias disposições aplicáveis, que o segredo de justiça não é oponível às CPI's. Mas o PGR tem suscitado diversas reservas, que muitas vezes se torna impossível dilucidar, atenta a economia do tempo de duração dos inquéritos, o que prejudica claramente a sua eficácia.

Neste sentido, nada se perderia no futuro se a lei tornasse expressa a não sujeição, com a óbvia consequência ao nível da extensão do dever de sigilo, das CPI's ao segredo de justiça.

([71]) Quando a AR criou a Comissão Parlamentar de Ética, através de lei aprovada em 1995, atribuiu-lhe uma composição paritária. E assim funcionou.

ANEXO

RELAÇÃO DOS INQUÉRITOS PARLAMENTARES PROPOSTOS E REALIZADOS NAS SETE LEGISLATURAS

I LEGISLATURA
(1976 - 1980)

N.º 1/I

Assunto: pretensos actos de que foi acusado o deputado António Macedo no "Comércio do Porto" (artigo sob o título "Café negócio amargo").

Publicação: DAR, I Série n.º 19, de 20 de Dezembro de 1978.
DAR, I Série n.º 87, de 20 de Julho de 1979.

N.º 2/I

Assunto: processo de importação de batata para a campanha de 1978/ 1979.

Iniciativa: PCP

Publicação: DAR, II Série n.º 40, de 16 de Março de 1979.
DAR, I Série, n.º 58, de 11 de Maio de 1979.

Apreciação do relatório final: DAR, II Série, n.º 69, de 06 de Junho de 1980.

II LEGISLATURA
(1980-1983)

N.º 1/II

Assunto: a situação que se verifica nos órgãos de comunicação social.
Iniciativa: PCP
Publicação: DAR, II Série, n.º 7, suplemento de 22 de Novembro de 1980.
DAR, II Série, n.º 7, de 22 de Novembro de 1980 – Suplemento.

N.º 2/II

Assunto: atitude da Radiotelevisão Portuguesa por não ter transmitido no dia 21 próximo passado um "magazine" relativo aos trabalhos parlamentares.
Iniciativa: ASDI, UEDS, PS
Publicação: DAR, II Série n.º 8, de 26 de Novembro de 1980.

N.º 3/II

Assunto: sobre o caso da "Feira de Belém"
Iniciativa: ASDI
Publicação: DAR, II Série n.º 13, de 18 de Dezembro de 1980.
Votação: DAR, I Série n.º 38, de 11 de Março de 1981.
Rejeitado.

N.º 4/II

Assunto: à comunicação social estatizada, desde a sua estatização até hoje.
Iniciativa: PSD, CDS, PPM
Publicação: DAR, II Série, n.º 205, de 17 de Janeiro de 1980.

N.º 5/II

Assunto: modo como foram cumpridas a Constituição e as leis em relação à comunicação social estatizada.
Iniciativa: PS, ASDI, UEDS
Publicação: DAR, II Série n.º 205, de 17 de Janeiro de 1980.

N.º 6/II

Assunto: às eventuais violações da Constituição e das leis, designadamente o boicote ao exercício dos direitos de reunião e da associação imputados pelo deputado do PSD Nandim de Carvalho ao PS e ao seu deputado João Lima, acusados de envolvimento numa campanha contra o Congresso das Comunidades.
Iniciativa: PS
Publicação: DAR, II Série n.º 28, de 06 de Fevereiro de 1980.

N.º 7/II

Assunto: à actuação das entidades competentes no que se refere às carências da rede escolar primária.
Iniciativa: UEDS
Publicação: DAR, II Série, n.º 50, de 02 de Abril de 1981.
Votação: DAR, I Série n.º 76, de 05 de Junho de 1981.
Rejeitado.

N.º 8/II

Assunto: para esclarecimento das responsabilidades pelos incidentes no Estádio da Luz e terrenos anexos, aquando do jogo Benfica-Vitória de Setúbal e apuramento das orientações dadas à PSP e ao seu Corpo de Intervenção.
Iniciativa: UEDS, PS, ASDI
Publicação: DAR, II Série, n.º 71 de 27 de Maio de 1981.

N.º 9/II

Assunto: sobre o processo de liberalização do comércio de cereais, ramas de açúcar e oleaginosas.
Iniciativa: PCP, MDP/CDE
Publicação: DAR, II Série, n.º 93, de 09 de Julho de 1981.
DAR, I Série, n.º 2, de 17 de Outubro de 1981.

DAR, I Série n.º 6, de 28 de Outubro de 1981.
DAR, I Série n.º 7, de 30 de Outubro de 1981.
Votação: DAR, I Série n.º 8, de 31 de Outubro de 1981.
Rejeitado.

N.º 10/II

Assunto: com vista a apreciar os actos do Governo e da Administração relativos ao processo, sua preparação e difusão prévia de actos legislativos de liberalização do comércio de cereais, ramas de acuçar e oleaginosas.
Iniciativa: PS, ASDI, UEDS
Votação: DAR, I Série n.º 8, de 31 de Outubro de 1981.
Aprovado.

N.º 11/II

Assunto: à aquisição pela TAP de aviões Boeing B-727/200 e à venda, pelo Ministério dos Transportes e Comunicações, de quatro aviões DC-6.
Iniciativa: ASDI
Publicação: DAR, II Série, n.º 14, de 14 de Novembro de 1981.
DAR, I Série n.º 36, de 13 de Fevereiro de 1981.
DAR, I Série n.º 42, de 27 de Janeiro de 1981.
Votação: DAR, I Série n.º 90, de 21 de Maio de 1982.
Aprovado.

N.º 12/II

Assunto: apreciação dos actos do Governo e da Administração que permitiram a um assessor do Governo o acesso a 18 reservas e para apreciação dos actos do Governo praticados na sequência de ter recebido prova documental de tais factos.
Publicação: DAR, II Série n.º 14, de 14 de Novembro de 1981.
DAR, I Série, n.º 37, de 15 de Novembro de 1987.
Votação: DAR, I Série n.º 42, de 27 de Janeiro de 1982.
Aprovado.

N.º 13/II

Assunto: à actuação do conselho de gerência da RTP no decurso da greve dos trabalhadores decretada para os dias 10, 13 e 14 de Dezembro.
Iniciativa: PS

Publicação: DAR, II Série, n.º 29, de 16 de Dezembro de 1981.
Aprovação: DAR, I Série, n.º 49, de 10 de Fevereiro de 1982.
Rejeitado.

N.º 14/II

Assunto: sobre as actuações do Governo e de outra entidades públicas que conduziram em 12 de Março de 1982 à autorização do desarrolamento dos bens que garantiam a dívida do ex-banqueiro Afonso Pinto de Magalhães ao Estado.
Iniciativa: PCP, PS, UEDS, MDP/CDE
Publicação: DAR, II Série, n.º 88, de 07 de Maio de 1982.
DAR, I Série, n.º 99, de 08 de Junho de 1982.

N.º 15/II

Assunto: visando a conduta do Governo face à RTP, designadamente à sua administração depois de repetidas acusações e provas da prática de publicidade oculta naquela empresa pública.
Iniciativa: ASDI
Publicação: DAR, II Série, n.º 15 de 19 de Novembro de 1982.

N.º 16/II

Assunto: sobre as causas que deram origem ao desastre aéreo de Camarate.
Publicação: DAR, II Série, n.º 12, de 12 de Novembro de 1982.
DAR, II Série, n.º 60, de 28 de Abril de 1983.
DAR, I Série, n.º 21, de 02 de Dezembro de 1982.
Votação: DAR,I Série, n.º 18, de 05 de Fevereiro de 1983.
Aprovado.

N.º 17/II

Assunto: sobre as causas da não divulgação à AR e à opinião pública do teor integral do relatório do 1.º de Maio elaborado pelo Procuradoria-Geral da República.
Iniciativa: PCP
Publicação: DAR, II série, n.º 44, de 24 de Novembro de 1982.

III LEGISLATURA
(1983-1985)

N.º 1/III

Assunto: sobre as actuações do Governo e outras entidades públicas que conduziram em 29/09/82 à celebração de um acordo na sequência do qual foram revogadas todas as providências cautelares que garantiam a dívida do ex-banqueiro Jorge de Brito ao Estado e aprovadas medidas tendentes à reconstituição do ex-grupo de Jorge de Brito.
Iniciativa: PCP
Publicação: DAR, II Série, n.º 12 de 01 de Julho de 1983.

N.º 2/III

Assunto: sobre as actuações do Governo e de outras entidades públicas que conduziram em 12 de Março de 1982 à autorização do desarrolamento dos bens que garantiam a dívida do ex-banqueiro Afonso Pinto de Magalhães ao Estado.
Iniciativa: PCP
Publicação: DAR, II Série, n.º 18, de 09 de Julho de 1983.

N.º 3/III

Assunto: sobre as actuações do Governo e de outras entidades públicas que conduziram à extinção da SNAPA - Sociedade Nacional dos Armadores da Pesca de Arrasto, SARL, bem como à actuação do conselho de gerência e da comissão liquidatária nomeada nos termos do DL n.º 161/82 de 07/05.
Iniciativa: PCP
Publicação: DAR, II Série, n.º 22, de 15 de Julho de 1983.
DAR, I série, n.º 22 de 15 de Julho de 1983.

N.º 4/III

Assunto: o processo de liberalização do comércio de cereais, ramas de açúcar e oleaginosas.
Iniciativa: PCP
Publicação: DAR, II Série, n.º 72, de 13 de Janeiro de 1984.
DAR, I Série, n.º 80, de 02 de Março de 1984.
DAR, I Série, n.º 82, de 09 de Março de 1984.
Votação: DAR, I Série, n.º 95, de 22 de Junho de 1985.
Aprovado.

N.º 5/III

Assunto: situação que se vive actualmente na RTP.
Iniciativa: CDS
Publicação: DAR, I Série, n.º 72, de 08 de Fevereiro de 1984.
DAR, II Série, n.º 84, de 08 de Fevereiro de 1984.
DAR, I Série, n.º 100, de 04 de Maio de 1984.
DAR, II Série, n.º 114, de 11 de Julho de 1985.
Apreciação do relatório final: DAR, I Série, n.º 107, de 12 de Julho de 1985.

N.º 6/III

Assunto: averiguação das condições em que teria ocorrido a detenção pela PSP do deputado Manuel Lopes.
Iniciativa: PS, PSD, ASDI
Publicação: DAR, II Série, n.º 105, de 31 de Março de 1984 – suplemento.
Votação: DAR, I Série, n.º 93, de 04 de Abril de 1984.
Aprovado.

N.º 7/III

Assunto: constituição de uma comissão parlamentar de inquérito para averiguar as condições e circunstancias da violação pelas forças policiais da imunidade parlamentar do deputado Manuel Lopes.
Iniciativa: PCP
Publicação: DAR, II Série, n.º 105, de 31 de Março de 1984.
Votação: DAR, I Série n.º 93, de 04 de Abril de 1984.
Rejeitado.

N.º 8/III

Assunto: à actuação do Banco Totta &Açores, do Banco de Portugal, do Instituto de Investimento Estrangeiro e do Governo, no chamado "caso Stanley Ho", decorrentes do financiamento interno da aquisição de uma parcela do capital social da empresa Estoril-Sol por um não residente em condições de dúbia regularidade e legalidade.
Iniciativa: PCP
Publicação: DAR, II Série, n.º 139, de 22 de Junho de 1984.

N.º 9/III

Assunto: apurar em que obras ou empreendimentos da responsabilidade da Secretaria de Estado das Obras Públicas se verificaram desmoronamentos e outras anomalias, bem como as respectivas causas, implicações e responsabilidades.
Iniciativa: PCP
Publicação: DAR, II Série, n.º 139, de 22 de Junho de Junho de 1984.
DAR, I Série, n.º 61, de 23 de Março de 1985.
DAR, I Série, n.º 62, de 27 de Março de 1985.

N.º 10/III

Assunto: às condições de aquisição e venda de aviões pela transportadora aérea nacional, TAP, EP.
Iniciativa: PCP
Publicação: DAR, II Série, n.º 139, de 22 de Junho de 1984.

N.º 11/III

Assunto: sobre as actuações do Governo e outras entidades públicas que conduziram em 5 de Junho de 1984 à resolução do Conselho de Ministros n.º 33/84 que determinou, designadamente, que fossem aceites por instituições de crédito por 11,9 milhões de contos terrenos cujo valor real é largamente inferior (TORRALTA).
Iniciativa: PCP
Publicação: DAR, II Série, n.º 139, de 22 de Junho de 1984.
DAR, I Série, n.º 35, de 05 de Janeiro de 1985.
DAR, I Série, n.º 9, de 09 de Janeiro de 1985.

N.º 12/III

Assunto: sobre os critérios de atribuição de verbas pela Secretaria de Estado do Emprego e Formação Profissional e o controle da sua aplicação.
Iniciativa: PCP
Publicação: DAR, II Série, n.º 139, de 22 de Junho de 1984.
DAR, I Série, n.º 37 de 11 de Novembro de 1985.
DAR, I Série, n.º 107 de 12 de Julho de 1985.

N.º 13/III

Assunto: sobre a apreciação dos actos do Governo e da administração que permitiram a um membro do Governo o acesso a 18 reservas e, conjuntamente, a apreciação dos actos do Governo de tais factos, bem como sobre as suposições de irregularidades e de atribuição de avultadas verbas, pondo em causa o erário público a empresas a que o mesmo assessor está ou esteve ligado.
Iniciativa: PCP
Publicação: DAR, II Série, n.º 139, de 22 de Junho de 1984.

N.º 14/III

Assunto: sobre as acções e omissões ilegais do Ministério do Trabalho e da Inspecção Geral do Trabalho em detrimento das suas atribuições próprias dos direitos dos trabalhadores.
Iniciativa: PCP
Publicação: DAR, I Série, n.º 14, de 16 de Novembro de 1984.
DAR, II Série, n.º 16, de 16 de Novembro de 1984 – suplemento.

N.º 15/III

Assunto: apreciação dos actos do conselho de gerência da RTP no que se refere às condições em que se processou a cobertura televisiva do debate da moção de censura apresentada pelo CDS e ao modo como as anomalias verificadas foram comunicadas à Assembleia.
Iniciativa: PS, PSD, PCP, CDS, MDP/CDE, UEDS, ASDI
Publicação: DAR, II Série, n.º 33, de 20 de Dezembro de 1984.
DAR, I Série, n.º 31, de 20 de Dezembro de 1984.
Votação: DAR, I Série, n.º 32, de 21 de Dezembro de 1984.
Aprovado.

N.º 16/III

Assunto: sobre acusações infamantes formuladas pelo Jornal "O Diário" na sua edição de 2 de Março de 1985, acerca do Sr. Deputado Reis Borges.

Iniciativa: PS

Publicação: DAR, II Série, n.º 69, de 20 de Março de 1985. – 2.º suplemento

Votação: DAR, I Série, n.º 84, de 24 de Maio de 1985.

Aprovado.

IV LEGISLATURA
(1985/1987)

N.º 1/IV

Assunto: sobre os actos inconstitucionais e ilegais contra a Reforma Agrária, praticadas pelo Ministro da Agricultura e pelos Serviços dele dependentes.

Iniciativa: PCP

Publicação: DAR II Série, n.º 19, de 10 de Janeiro de 1986.
DAR, I Série, n.º 30, de 05 de Fevereiro de 1986.
DAR, I Série n.º 43, de 12 de Março de 1986.

Votação: DAR, I série, n.º 44, de 14 de Março de 1986.

Aprovado.

N.º 2/IV

Assunto: sobre a situação da Companhia Portuguesa dos Caminhos de Ferro, CP.

Iniciativa: CDS

Publicação: DAR, II Série, n.º 62, de 10 de Maio de 86.

Votação: DAR I Série, n.º 79, de 14 de Junho de 1986.

Aprovado.

N.º 3/IV

Assunto: relativo aos actos de gestão da Comissão Liquidatária da Companhia Nacional de Petroquímica, E.P. e a Comissão Administrativa da ESPI – Empresa Pública de Polímeros de Sines, SARL.

Iniciativa: PS

Publicação: DAR, II Série, n.º 5 de 31 de Outubro de 1986.

N.º 4/IV

Assunto: polémico processo de aquisição de centrais digitais.
Iniciativa: PCP
Publicação: DAR, II Série, n.º 6, de 03 de Novembro de 1986.
DAR, I Série, n.º 33, de 21 de Janeiro de 1987.

N.º 5/IV

Assunto: sobre a atribuição de frequências radiofónicas.
Iniciativa: PRD
Publicação: DAR, II Série n.º 34, de 24 de Janeiro de 1987.
DAR I Série, n.º 44, de 14 de Fevereiro de 1987.
Votação: DAR, I Série, n.º 45, de 18 de Fevereiro de 1987.
Aprovado.

N.º 6/IV

Assunto: sobre a actuação das entidades portuguesas intervenientes na venda de armas e desvios de fundos e material de guerra no quadro da operação secreta da administração norte-americana conhecida pela designação "IRANGATE".
Iniciativa: PCP
Publicação: DAR, II Série, n.º 40 de 07 de Janeiro de 1987.
Votação: DAR, I Série, n.º 63, de 01 de Abril de 1987.
Aprovado.

N.º 7/IV

Inquérito Parlamentar sobre a tragédia de Camarate:
Iniciativa: PSD
Publicação: DAR, II Série, n.º 11, de 06 de Dezembro de 1985.
Votação: DAR, I Série, n.º 15, de 12 de Dezembro de 1985.
Aprovado.

N.º 8/IV

Assunto: à actuação do Ministério da Agricultura no quadro das medidas relativas à reforma agrária.
Iniciativa: PS
Publicação: DAR, II Série, n.º 22 de 17/ de Janeiro de 1986.

DAR, I Série, n.º 30, de 05 de Fevereiro de 1986.
DAR, I Série, n.º 43, de 12 de Março de 1986.
Votação: DAR, I Série, n.º 44, de 14 de Março de 1986.
Aprovado.

N.º 9/IV

Assunto: aos antecedentes e situação actual existente na "zona de intervenção da reforma agrária".
Iniciativa: PSD
Publicação: DAR, II Série, n.º 29, de 05 de Fevereiro de 1986.

N.º 10/IV

Assunto: com o objecto de apurar as condições em que decorreu o processo de adjudicação das centrais digitais.
Iniciativa: PCP
Publicação: DAR, II Série, n.º 66, de 10 de Abril de 1986.
Votação: DAR, I Série, n.º 33, de 21 de Janeiro de 1987.
Aprovado.

V LEGISLATURA
(1987/1991)

N.º 1/V

Assunto: sobre a aplicação das verbas do Fundo Social Europeu.
Iniciativa: PS
Publicação: DAR, II Série, n.º 26, de 28 de Novembro de 1987.
Apreciação: DAR, I Série, n.º 51, de 12 de Fevereiro de 1988.
Rejeitado.

N.º 2/V

Assunto: à conduta das entidades intervenientes da oferta pública de venda de acções mandada investigar pelo Sr. Ministro das Finanças.
Iniciativa: CDS
Publicação DAR, II Série, n.º 44, de 3 de Fevereiro de 1988.
Apreciação: DAR, I Série, n.º 55, de 26 de Fevereiro de 1988.
Rejeitado.

N.º 3/V

Assunto: para o apuramento da existência de ilegalidades e anomalias e outros factores de alarme da opinião pública, nas colheitas e transfusões de sangue.
Iniciativa: PCP
Publicação: DAR, II Série, n.º 49, de 24 de Fevereiro de 1988.
Apreciação: DAR, I Série, n.º 76, de 21 de Abril de 1988.
Rejeitado.

N.º 4/V

Assunto: sobre as formas de que se revestiram o lançamento e do desenvolvimento de iniciativas susceptíveis de comparticipação do Fundo Social Europeu.

Iniciativa: PS
Publicação: DAR, II Série, n.º 50, de 26 de Fevereiro de 1988.
Apreciação: DAR, I Série, n.º 11, de 08 de Novembro de 1989.
Apreciação do relatório final: DAR, I Série, n.º 11, de 8 de Agosto de 1989.

N.º 5/V

Assunto: para apreciação das condições em que foi autorizado pelo anterior Governo o adiamento do pagamento das duas últimas prestações da contrapartida inicial à dívida pela concessionária da exploração do jogo no Casino Estoril.
Iniciativa: PS, PCP, PRD, Os Verdes, ID e Dep. Independentes Helena Roseta, Natália Correia e Teresa Santa Clara Gomes.
Publicação: DAR, II Série, n.º 53, de 04 de Março de 1988.

N.º 6/V

Assunto: sobre as relações entre o Ministério da Saúde e empresas privadas com incidência específica sobre a instalação e funcionamento de um hospital de Lisboa.
Iniciativa: PCP
Publicação: DAR, II Série, n.º 54, de 09 de Março de 1988.
Apreciação: DAR, I Série, n.º 87, de 13 de Maio de 1988.
Rejeitado.

N.º 7/V

Assunto: para apreciação das condições em que o anterior Governo foi autorizado o adiamento do pagamento de duas prestações de contrapartida à concessionária do jogo Casino Estoril à luz do art.º 5 do Decreto Regulamentar n.º 56/84 de 9 de Agosto e Despachos Governamentais subsequentes.
Iniciativa: PSD
Publicação: DAR, II Série, n.º 56, de 12 de Março de 1988.
Apreciação do relatório final: DAR, II Série, n.º 24, de 8 de Agosto de 1989.

N.º 8/V

Assunto: aos actos do Governo e da Administração relacionadas com as OPV's de sete empresas do grupo SONAE.

Iniciativa: PS
Publicação: DAR, II Série, n.º 64, de 03 de Junho de 1988.
Apreciação: DAR, I Série, n.º 96, de 03 de Junho de 1988.
Rejeitado.

N.º 9/V

Assunto: para apurar as circunstâncias em que ocorreram as sucessivas demissões na direcção do Jornal Diário de Notícias e do conselho de gerência da Empresa Pública "Diário de Notícias, EP, bem como as alegadas tentativas de ingerência da tutela na orientação daquele jornal, no quadro mais amplo das relações entre o Governo e os órgãos de comunicação social estatizados.
Iniciativa: PS
Publicação: DAR, II Série, n.º 10, de 21 de Dezembro de 1988.

N.º 10/V

Assunto: à actuação dos serviços oficiais, designadamente da administração fiscal, intervenientes no processo de aquisição pelo Ministro das Finanças, cidadão Miguel José Ribeiro Cadilhe, de um andar na torre 4 do edifício Amoreiras, sito em Lisboa.
Iniciativa: PCP
Publicação: DAR, II Série,- B - n.º 12, de 03 de Janeiro de 1989.
Apreciação: DAR I Série, n.º 46, de 03 de Março de 1989.
Rejeitado.

N.º 11/V

Assunto: averiguar as condições de incensam e de legalidade em que têm ocorrido os actos administrativos dirigidos na área do Ministério da Saúde.
Iniciativa: PSD
Publicação: DAR, II Série, B- n.º 20, de 01 de Março de 1989.

N.º 12/V

Assunto: com vista a averiguar os actos administrativos na área do Ministério da Saúde.
Iniciativa: PSD
Publicação: DAR, II Série, - B n.º 21, de 08 de Abril de 1989.
Apreciação: DAR, I Série, n.º 93, de 18 de Junho de 1991.
Apreciação do relatório final: DAR,II Série - B n.º 34, de 08 de Agosto de 1991.

N.º 13/V

Assunto: para averiguar as condições de isenção e de legalidade em que têm ocorrido os actos administrativos dirigidos e executados na área do Ministério da Saúde.

Iniciativa: PS

Publicação: DAR, II Série - B n.º 21, de 8 de Abril de 1989.

Apreciação: DAR, I Série, n.º 93, de 18 de Junho de 1991.

Apreciação do relatório final: DAR, II Série,-B n.º 34, de 8 de Junho de 1991.

N.º 14/V

Assunto: para apurar em toda a extenção a conduta dos serviços oficiais, designadamente da Administração Fiscal, intervenientes no processo de aquisição pelo Ministro das Finanças de apartamentos no edifício das Amoreiras e na Rua Francisco Stromp, em Lisboa.

Iniciativa: PS, PCP, PRD, CDS, os Verdes e Dep. Independentes.

Publicação: DAR, II Série -B n.º 23, de 21 de Abril de 1989.

Apreciação: DAR, I Série, n.º 22, de 6 de Dezembro de 1989.

Apreciação do relatório final: DAR, II Série -B n.º 1, de 21 de Outubro de 1989.

N.º 15/V

Assunto: à actuação das autarquias do Seixal e de Loures, na concessão de favores ao PCP numa operação de compra de imóveis e na cedência de bens, serviços e instalações a esse partido na realização da festa do Avante.

Iniciativa: PSD

Publicação: DAR, II Série B, n.º 35, de 4 de Outubro de 1989.

Apreciação: DAR, I Série, n.º 11, de 8 de Novembro de 1989.
DAR, I Série, n.º 12, de 10 de Novembro de 1989.

Aprovado.

N.º 16/V

Assunto: sobre a situação das condições de trabalho dos jornalistas e outros na RTP, EP.

Iniciativa: PRD

Publicação: DAR, II Série B - n.º 33, de 12 de Maio de 1989.
DAR, II Série B - n.º 38, de 2 de Junho de 1990 (nova redacção)

Apreciação: DAR, I Série n.º 85, de 8 de Junho de 1990.

N.º 17/V

Assunto: sobre a RTP, EP.
Iniciativa: PRD, PS, PCP, CDS, os Verdes e Dep. Independentes
Publicação: DAR, II Série B n.º 41, de 21 de Junho de 1990.
Apreciação: DAR, I Série n.º 100, de 13 de Julho de 1990.
Aprovado.

N.º 18/V

Assunto: sobre a RTP, EP.
Iniciativa: PSD
Publicação: DAR, II Série B n.º 42, de 23 de Junho de 1990
Apreciação: DAR, I Série n.º 100, de 13 de Julho de 1990
Aprovado.

N.º 19/V

Assunto: aos actos do Governo e da Comissão Consultiva da Radiodifusão relacionados com a atribuição de alvarás para o exercício de actividade de radiodifusão sonora de âmbito regional.
Iniciativa: PS
Publicação: DAR, II Série B n.º 45, de 5 de Julho de 1990.
Deliberação N.º 12 - PL/90: DAR, II Série A, n.º 12, de 4 de Dezembro de 1990.

N.º 20/V

Assunto: sobre os perdões fiscais decididos no âmbito da Secretaria de Estado dos Assuntos Fiscais.
Iniciativa: PS
Publicação: DAR, II Série B n.º 5, de 21 de Novembro de 1990.
Apreciação: DAR, I Série, n.º 93, de 18 de Junho de 1991.
Deliberação N.º 1 - PL/91: DAR, II Série A, n.º 26, de 16 de Fevereiro de 1990.
Apreciação do relatório final: DAR, II Série B, n.º 35, de 19 de Junho de 1991.

N.º 21/V

Assunto: aos alegados perdões fiscais atribuídos pelo Senhor Secretário de Estado dos Assuntos Fiscais.

Iniciativa: PSD
Publicação: DAR, II Série B n.º 5, de 21 Novembro de 1990.
Apreciação: DAR, I Série, n.º 93, de 18 de Junho de 1991.
Deliberação N.º 1 - PL/91: DAR, II Série A, n.º 26, de 16 de Fevereiro de 1990.
Apreciação do relatório final: DAR, II Série B, n.º 35, de 19 de Junho de 1991.

N.º 22/V

Assunto: aos actos administrativos na área do Ministério da Saúde.
(não foi admitido pelo Presidente da AR)
Iniciativa: PS, PCP, PRD e CDS
Apreciação do recurso de não admissão: DAR, I Série, n.º 84, de 29 de Maio de 1991.
Rejeitado.

N.º 23/V

Assunto: para averiguar as condições de legalidade e regularidade financeira e técnica de todo o processamento que envolve o Centro Cultural de Belém.
Iniciativa: PS, PCP, PRD e CDS e Dep. Independente Herculano Pombo
Publicação: DAR, II Série B - n.º 26, de 20 de Abril de 1991.
Apreciação: DAR, I Série, n.º 89, de 7 de Junho de 1991.
Apreciação do relatório final: DAR, II Série B - n.º 2, de 22 de Novembro de 1991.

VI LEGISLATURA
(1991-1995)

N.º 1/VI

Assunto: Apuramento de responsabilidades quanto à decisão e ao processo de vazamento da albufeira do Maranhão, bem como quanto às suas consequências económicas, sociais e ambientais, designadamente na região que envolve os municípios de Avis e Mora.

Iniciativa: PEV

Publicação: DAR, II Série B - n.º 6, de 21 de Dezembro de 1991.

Apreciação: DAR, I Série, n.º 22, de 17, 22 e 24 e de Janeiro de 1992.

Votação: DAR, I Série, n.º 22, de 17, 22 e 24 e de Janeiro de 1992.

Apreciação do relatório final: DAR, II Série A-n.º 7, de 13 de Novembro de 1992.

N.º 2/VI

Assunto: sobre os actos do Governo no domínio da política cultural e em especial as medidas tomadas no âmbito da restruturação dos organismos dependentes da Secretaria de Estado da Cultura.

Iniciativa: PCP

Publicação: DAR, II Série B - n.º 16, de 27 de Abril de 1992.

Apreciação: DAR, I Série, n.º 67, de 23 de Maio de 1992, e n.º 68 de 27 de Maio de 1992.

Votação: DAR, I Série, n.º 67, de 23 de Maio de 1992 e 68 de 27 de Maio de 1992.

Rejeitado.

N.º 3/VI

Assunto: sobre a utilização das verbas concedidas de 1988 a 1989 pelo Fundo Social Europeu e Orçamento do Estado para cursos de formação profissional promovidos pela UGT.
Iniciativa: PSD, PS, PCP, CDS e PSN
Publicação: DAR, II Série B- n.º 17, de 29 de Maio de 1992.
Apreciação: DAR, I Série, n.º 80, de 26 de Junho de 1992.
Apreciação do relatório final: DAR, I Série, n.º 54, de 7 de Abril de 1994.

N.º 4/VI

Assunto: sobre eventuais violações de disposições da Constituição e das leis gerais da República na Região Autónoma da Madeira.
Iniciativa: PS
Publicação: DAR, II Série B, n.º 21, de 16 de Maio de 1992.
Apreciação: DAR, I Série, n.º 80, de 26 de Junho de 1992.
Votação: DAR, I Série, n.º 80, de 26 de Junho de 1992.
Rejeitado.

N.º 5/VI

Assunto: apreciação dos critérios e processos de privatização das empresas nacionalizadas.
Iniciativa: PCP
Publicação: DAR, II Série B, de 22 e 23 de Maio de 1992.
Apreciação: DAR, I Série, n.º 80, de 26 de Junho de 1992.
Votação: DAR, I Série, n.º 80, de 26 de Junho de 1992.
Rejeitado.

N.º 6/VI

Assunto: sobre a alteração introduzida em decreto-lei por membro do Governo contra o recebimento de 120 000 contos.
Iniciativa: PSD
Publicação: DAR, II Série B, n.º 11, de 22 de Janeiro de 1993.
Apreciação: DAR, I Série, n.º 32, de 22 de Janeiro de 1993.
Votação: DAR, I Série, n.º 32, de 22 de Janeiro de 1993.
Apreciação do relatório final: DAR, I Série, n.º 50, de 19 de Março de 1993.

N.º 7/VI

Assunto: para apreciação dos critérios de avaliação e processos de privatização das empresas públicas.
Iniciativa: PCP
Publicação: DAR, II Série, n.º 11, de 22 de Janeiro de 1993.
Apreciação: DAR, I Série, n.º 33, de 27 de Janeiro de 1993.
Votação: DAR, I Série, n.º 33, de 27 de Janeiro de 1993.
Rejeitado.

N.º 8/VI

Assunto: sobre a responsabilidade governamental na manutenção e promoção a elevados cargos de verbas do Fundo Social Europeu e as garantias de defesa da credibilidade do Estado Português.
Iniciativa: PS
Publicação: DAR, II Série B, n.º 13, de 5 de Fevereiro de 1993.
Apreciação: DAR, I Série, n.º 48, de 13 de Janeiro de 1993.
Votação: DAR, I Série, n.º 48, de 13 de Janeiro de 1993.
Rejeitado.

N.º 9/VI

Assunto: sobre as circunstancias dos casos e do tratamento dado na fronteira a certos cidadãos estrangeiros.
Iniciativa: PCP
Publicação: DAR, I Série, n.º 15, de 17 de Fevereiro de 1993.
Apreciação: DAR, I Série, n.º 48, de 13 de Março de 1993.
Votação: DAR, I Série, n.º 48, de 13 de Março de 1993.
Rejeitado.

N.º 10/VI

Assunto: às irregularidades e operações de traficância política na gestão, pelo Governo e pela Administração Pública, de subsídios provenientes de fundos agricultura e outras verbas públicas destinadas à reconversão e modernização da agricultura portuguesa, bem como à intervenção nos mercados agrícolas.
Iniciativa: PS
Publicação: DAR,II Série B, n.º 15, de 17 de Fevereiro de 1993.
Apreciação: DAR, I Série, n.º 48, de 13 de Março de 1993.
Votação: DAR, I Série, n.º 48, de 13 de Março de 1993.
Rejeitado.

N.º 11/VI

Assunto: sobre a aplicação de verbas do Fundo Social Europeu.
Iniciativa: PSD
Publicação: DAR, II Série B, n.º 19, de 19 de Março de 1993.
Apreciação: DAR, I Série n.º 60, de 17 de Abril de 1993 e n.º 61 de 22 de Abril de 1993.
Votação: DAR, I Série n.º 60, de 17 de Abril de 1993 e n.º 61 de 22 de Abril de 1993.
Aprovado.

N.º 12/VI

Assunto: sobre a natureza e extensão de alegadas irregularidades na gestão de subsídios provenientes de fundos comunitários destinados à agricultura portuguesa, no que se refere à Cooperativa Agrícola de Torres Vedras.
Iniciativa: PSD
Publicação: DAR, II Série B, n.º 19, de 19 de Março de 1993.
Apreciação: DAR, I Série, n.º 60, de 17 de Abril de 1993.
Votação: DAR, I Série, n.º 60, de 17 de Abril de 1993.
Aprovado.

N.º 13/VI

Assunto: sobre as irregularidades e ilegalidades praticadas pelo Secretário de Estado da Agricultura em processos de indemnização por abates sanitários de bovinos, com lesão dos interesses do Estado em montante superior a 6 000 000 de contos.
Iniciativa: PS
Publicação: DAR, II Série B, n.º 24, de 3 de Maio de 1993.

N.º 14/VI

Assunto: dar continuidade à averiguação cabal das causas e circunstâncias em que ocorreu a tragédia que, em 4 de Dezembro de 1980, que vitimou o Sr. Primeiro-Ministro Dr. Francisco Sá Carneiro, e o Sr. Ministro da Defesa Eng.º Adelino Amaro da Costa e seus acompanhantes.
Iniciativa: PSD
Publicação: DAR, II Série B, n.º 13, de 6 de Maio de 1993.
Apreciação: DAR, I Série, n.º 69, de 13 de Maio de 1993 e n.º 71 de 14 de Maio de 1993.

Votação: DAR, I Série, n.º 69, de 13 de Maio de 1993 e n.º 71, de 14 de Maio de 1993.

Aprovado.

Apreciação do relatório final: DAR, I Série, n.º 88, de 17 de Junho de 1995.

N.º 15/VI

Assunto: apuramento de factualidade referente a actos praticados pelo Secretário de Estado da Agricultura e, designadamente, a legalidade ou ilegalidade do seu despacho de 29 de Junho de 1992, relativo à atribuição de indemnização e montantes compensatórios.

Iniciativa: PSD

Publicação: DAR, II Série B, n.º 25, de 6 de Maio de 1993.

Apreciação: DAR, I Série, n.º 79, de 4 de Junho de 1993, e n.º 81, de 9 de Junho de 1993.

Votação: DAR, I Série, n.º 79, de 4 de Junho de 1993, e n.º 81, de 9 de Junho de 1993. Aprovado por unanimidade.

Apreciação do relatório final: DAR, I Série, n.º 8, de 5 de Novembro de 1993.

N.º 16/VI

Assunto: sobre irregularidades praticadas pelo Secretário de Estado da Agricultura e outros responsáveis em processos de indemnização por abates sanitários de bovinos, com lesão dos interesses do Estado em montante superior a 6 000 000 de contos, e na ocultação dolosa de provas da existência em Portugal de bovinos atingidos pela chamada doença das vacas loucas.

Iniciativa: PS

Publicação: DAR, II Série, B, n.º 26, de 8 de Maio de 1993.

Apreciação: DAR, I Série, n.º 79, de 4 de Junho de 1993 e n.º 81, de 9 de Junho de 1993.

Votação: DAR, I Série, n.º 79, de 4 de Junho de 1993 e n.º 81, de 9 de Junho de 1993.

Rejeitado.

N.º 17 /VI

Assunto: actuações dos Serviços de Informação de Segurança (SIS), designadamente contra estudantes, agricultores e sindicalistas e violações da Constituição e da lei dessas actuações.

Iniciativa: PCP

Publicação: DAR, II Série B, n.º 32, de 25 de Junho de 1993.
Apreciação: DAR, I Série, n.º 8, de 5 de Novembro de 1993.
Votação: DAR, I Série, n.º 8, de 5 de Novembro de 1993.
Rejeitado.

N.º 18/VI

Assunto: apreciação do processo de reprivatização do Banco Totta & Açores.
Iniciativa: PCP
Publicação: DAR, II Série B, n.º 11, de 28 de Janeiro de 1994.
Apreciação: DAR, I Série, n.º 38, de 11 de Fevereiro de 1994.
Votação: DAR, I Série, n.º 38, de 11 de Fevereiro de 1994.
Rejeitado.

N.º 19/VI

Assunto: actos administrativos na área do Ministério da Saúde.
Iniciativa: PS
Publicação: DAR, II Série B, n.º 12, de 5 de Fevereiro de 1994.
Apreciação: DAR, I Série, n.º 40, de 24 de Fevereiro de 1994.
Votação:DAR, I Série, n.º 40, de 24 de Fevereiro de 1994.
Rejeitado.

N.º 20/VI

Assunto: sobre eventuais irregularidades praticadas pela Administração do Hospital de Beja na concessão da exploração da morgue do Hospital.
Iniciativa: PSD
Publicação: DAR, II Série B, n.º 20, de 7 de Abril de 1994.
Apreciação: DAR, I Série, n.º 81, de 18 de Junho de 1994.
Votação: DAR, I Série, n.º 81, de 18 de Junho de 1994.
Apreciação do relatório final: DAR, I Série, n.º 37, de 2 de Fevereiro de 1995.
Declaração de voto escrita: DAR, II Série B, n.º 9, de 17 de Dezembro de 1994.

N.º 21/VI

Assunto: sobre o processo de privatização de matadouros da rede nacional de abate e da actuação do IROMA.

Iniciativa: PCP
Publicação: DAR, II Série, B, n.º 26, de 14 de Maio de 1994.
Apreciação: DAR, I Série, n.º 81, de 18 de Junho de 1994.
Votação: DAR, I Série, n.º 81, de 18 de Junho de 1994.
Rejeitado.

N.º 22/VI

Assunto: sobre o cumprimento das disposições constitucionais e legais que, no tocante aos serviços de informações, polícias e outras forças de segurança, visam garantir a protecção dos direitos, liberdades e garantias dos cidadãos.
Iniciativa: DAR, II Série, B, n.º 27, de 21 de Junho de 1994.
Apreciação: DAR, I Série, n.º 81, de 18 de Junho de 1994.
Votação: DAR, I Série, n.º 81, de 18 de Junho de 1994.
Rejeitado.

N.º 23/VI

Assunto: apreciação do processo de privatização do Banco Totta & Açores.
Iniciativa: PCP
Publicação: DAR, II Série B, n.º 27, de Maio de 1994.
Apreciação: DAR, I Série, n.º 38, de 2 de Fevereiro de 1995.
Votação: DAR, I Série, n.º 38, de 2 de Fevereiro de 1995.
Apreciação do relatório final: DAR, I Série, n.º 38, de 3 de Fevereiro de 1995.

N.º 24/VI

Assunto: sobre as condições em que agentes de serviços de informações levaram a cabo acções de vigilância e infiltração violadoras de direitos, liberdades e garantias de deputados, autarcas e jornalistas, de cujos resultados terão tido conhecimento dirigentes do partido governamental.
Iniciativa: PS
Publicação: DAR, II Série B, n.º 39, de 14 de Outubro de 1994.
Apreciação: DAR, I Série, n.º 47, de 3 de Março de 1995.
Votação: DAR, I Série, n.º 47, de 3 de Março de 1995.
Rejeitado.

N.º 25/VI

Assunto: ao eventual desvio de informação e documentos dos arquivos da PIDE/DGS para o KGB.
Iniciativa: PSD

Publicação: DAR, II Série B, n.º 39, de 14 de Outubro de 1994.
Apreciação: DAR, I Série, n.º 47, de 3 de Março de 1995.
Votação: DAR, I Série, n.º 47, de 3 de Março de 1995.
Aprovado.

N.º 26/VI

Assunto: sobre o envolvimento do Governo e do SIS em operações provocatórias contra cidadãos, associações e partidos políticos.
Iniciativa: PCP
Publicação: DAR, II Série B, n.º 1, de 21 de Outubro de 1994.
Apreciação: DAR, I Série, n.º 47, de 3 de Março de 1995.
Votação: DAR, I Série, n.º 47, de 3 de Março de 1995.
Rejeitado.

N.º 27/VI

Assunto: sobre a responsabilidade do Governo na eventual prestação de serviços pela OGMA à Força Aérea Angolana.
Iniciativa: CDS-PP
Publicação: DAR, II Série B, n.º 8, de 9 de Dezembro de 1994.
Apreciação: DAR, I Série, n.º 22, de 15 de Dezembro de 1994.
Apreciação do relatório final: DAR, II Série, n.º 34, de 16 de Junho de 1995.
Declaração de voto escrita do PS: DAR, II Série B, n.º 37, de 21 de Julho de 1995.

N.º 28/VI

Assunto: para apuramento das responsabilidades pelas brutais cargas policiais sobre os trabalhadores da Manuel Pereira Roldão e sobre a população da Marinha Grande.
Iniciativa: PCP
Publicação: DAR, II Série B, n.º 11, de 5 de Janeiro de 1995.
Apreciação: DAR, I Série, n.º 60, de 1 de Abril de 1995.
Votação: DAR, I Série, n.º 62, de 7 de Abril de 1995.
Rejeitado.

N.º 29/VI

Assunto: sobre as condições em que se tem processado a elaboração, aprovação, execução, fiscalização e pagamento dos projectos de arborização e beneficiação florestal e ao eventual envolvimento por acção ou omissão, dos membros do Governo titulares do Ministério da Agricultura.

Iniciativa: PCP
Publicação: DAR, II Série B n.º 12, de 7 de Janeiro de 1995.
Apreciação: DAR I Série n.º 60, de 1 de Abril de 1995.
Votação: DAR, I Série, n.º 62, de 7 de Abril de 1995.
Rejeitado.

N.º 30/VI

Assunto: modo de funcionamento do Serviço de Informações de Segurança (SIS), em especial no que respeita às relações com a tutela ao cumprimento da legalidade democrática e às garantias dos direitos dos cidadãos.
Iniciativa: PS
Publicação: DAR, II Série B n.º 37, de 21 de Julho de 1995.
Apreciação: DAR, I Série n.º 95, de 21 de Julho de 1995.
Votação: DAR, I Série n.º 95 de 21 de Julho de 1995.
Rejeitado.

VII LEGISLATURA
(1995-1999)

N.º 1/VII

Assunto: cabal esclarecimento das situações reconhecidamente assumidas pelo Ministro das Finanças e que envolvem dúvidas sobre a sua conformidade constitucional e legal.

Iniciativa: PSD

Publicação: DAR, II Série B, n.º 22, de 11 de Maio de 1996.

Não admitido pelo Presidente da AR.

N.º 2/VII

Assunto: a gestão das despesas do FEOGA entre 1988 e 1993.

Iniciativa: CDS-PP

Publicação: DAR, II Série B, n.º 20, de 27 de Janeiro de 1996.

Apreciação: DAR, I Série, n.ºs 38, de 10 de Fevereiro de 1996 e 39, de 17 de Fevereiro de 1996.

Votação: DAR, I Série, n.º 102, de 25 de Setembro de 1996.

Apreciação do relatório final: DAR, II Série B, n.º 3, suplemento, de 9 de Novembro de 1996.

N.º 3/VII

Assunto: desastre de Camarate.

Iniciativa: PSD

Publicação: DAR, II Série B, n.º 21 de 9 de Maio de 1996.

N.º 4/VII

Assunto: autorização de Instituições ou Cursos do Ensino Superior Particular e Cooperativo.

Iniciativa: PSD

Publicação: DAR, II Série B, n.º 31, de 13 de Julho de 1996.

Apreciação: DAR I Série n.º 96, de 13 de Julho de 1996.

Votação: DAR I Série A, n.º 59, de 3 de Agosto de 1996.

Apreciação do relatório final: DAR, II Série B, n.º 24, de 7 de Junho de 1997.

N.º 5/VII

Assunto: Acordo estabelecido entre o Estado e o Sr. António Champalimaud.

Iniciativa: PCP

Publicação: DAR, II Série B, n.º 35, de 28 de Setembro de 1996.

Apreciação: DAR I Série, n.º 108, de 11 de Outubro de 1996.

Votação: DAR I Série, n.º 2, de 17 de Outubro de 1996.

Apreciação do relatório final: DAR, I Série, n.º 22, de 19 de Dezembro de 1997.

N.º 6/VII

Assunto: aval do Estado à UGT.

Iniciativa: PSD

Publicação: DAR, II Série, B, n.º 21, de 2 de Maio de 1997.

Apreciação: DAR I Série n.º 64, de 24 de Abril de 1997.

Votação: DAR, I Série, n.º 64, de 24 de Abril de 1997.

Apreciação do relatório final: DAR II Série B, n.º 14 de 21 de Março de 98.

N.º 7/VII

Assunto: apreciação dos actos do Governo e das suas orientações de parceria em negócios envolvendo o Estado e interesses privados.

Iniciativa: PSD

Publicação: DAR, II Série B, n.º 20, de 9 de Maio de 1998.

Apreciação: não houve, dado tratar-se do exercício de um direito potestativo.

Apreciação do relatório final: DAR, I Série n.º 102, de 2 de Julho de 1999.

N.º 8/VII

Assunto: apreciação dos actos dos Governos do PS e do PSD envolvendo o Estado e Grupos Económicos.
Iniciativa: PCP
Publicação: DAR, II Série B, n.º 21, de 16 de Maio de 1998.
Apreciação: DAR, I Série, n.ºs 57, de 11 de Março de 1999 e n.º 58 de 12 de Março de 1999.
Votação: DAR I Série, n.ºs 57 de 11 de Março de 1999 e n.º 58 de 12 de Março de 1999.
Apreciação do relatório final: DAR, I Série, n.º 102, de 2 de Julho de 1999.

N.º 9/VII

Assunto: denúncias de corrupção na JAE.
Iniciativa: CDS-PP
Publicação: DAR II Série B, n.º 6, de 24 de Outubro de 1998.
Apreciação: DAR I Série, n.º 17, de 23 de Outubro de 1998.
Votação: DAR I Série, n.º 17, de 23 de Outubro de 1998.
Apreciação do relatório final:

N.º 10/VII

Assunto: gestão governamental dos serviços de informação e sua relação com actividade de polícia.
Iniciativa: PSD
Publicação: DAR, II Série, n.º 46, de 18 de Março de 1999.
Apreciação: DAR, I Série, n.º 61, de 18 de Março de 1999.
Votação: DAR, I Série, n.º 61, de 19 de Março de 1999.
Aprovado.

N.º XVII

Apreciação [illegible] dos [illegible] (PSD e CDS-PP) [illegible]
[illegible]

Iniciativa: PCP

Publicação: DAR, II Série, [illegible] de [illegible] de 1996.
Apreciação: DAR, I Série, n.º [illegible], de [illegible] 1996, e DAR, I Série, n.º [illegible],
de 12 de Março de 1996.
Votação: DAR, I Série, n.º [illegible], de 14 de Março de 1996 [illegible] de 12
de Março de 1996.
Apreciação [illegible]: DAR, I Série, n.º 102, de [illegible] de Julho de
1996.

N.º XVIII

[illegible]

Iniciativa: CDS-PP

Publicação: DAR, II Série-B, [illegible] de Outubro de 1996.
Apreciação: DAR, I Série, [illegible] de [illegible] de 1996.
[illegible] de Outubro de 1996.
Apreciação [illegible]

N.º XIX

[illegible]

Iniciativa: PCP

Publicação: DAR, II Série-B, [illegible] de Março de [illegible]
Apreciação: DAR, [illegible] de Março de 1997.
Votação: DAR, [illegible] de Março de 1997.
[illegible]